JN231785

アフロえみ子の四季の食卓

レシピがいらない！

稲垣えみ子

マガジンハウス

レシピがいらない！

アフロえみ子の

四季の食卓

もくじ

春の食卓

夏の食卓

秋の食卓

冬の食卓

本文中写真―稲垣えみ子
カバー表1・帯・奥付写真―加瀬健太郎
ブックデザイン―アルビレオ

春の食卓

一食200円で、ぜいたくな「一汁一菜」

みなさまこんにちは。アフロで独身で52歳の稲垣えみ子と申します。

私、ただいま毎日同じような簡単なものばかりを作っては食べております。

そう、土井善晴先生が提唱しておられる「一汁一菜」そのものの食生活。

それを数年前から実践しているのです。

いやいや、まさかこの私がこんなものを食べる日が来ようとは。

だって私、いわゆるバブル世代です。あのわけのわからない上昇気流に日本中が踊っていた頃に青春時代を迎え、にわかに巻き起こった「グルメブーム」のど真ん中を走り抜いてまいりました。美味しいもの、珍しいもの、食べたことのないものがどこかにあると聞けばじっとしてはいられない。家でも外でも食べることに命をかけてきた。「美味しいもの無くして何の人生ぞ!」と心から信じて生きてきたのです。

ところが。

転機は、原発事故をきっかけとした節電でした。詳しい経緯は省きますが、ひょんなことからまさかの冷蔵庫を手放す事態となり、ハテどうやって生きていけばいいのかと途方にくれたあげく、そうだ江戸時代を参考にすればいいじゃんヨと。だってあの時代、誰も冷蔵庫なんか持っちゃいなかったんです。それでもみんな当たり前にごはんを作って食べていた。

というわけで、大好きな時代劇の食事シーンを、じいっと観察する日々が始まりました。

で、わかりました！　彼らの食は、メシ、汁、漬物なんです。

メシは朝炊いておひつに保管。漬物はぬか床にある。となれば、毎食「汁」を作るだけ。

なるほど。これなら確かに冷蔵庫いらず。だって味噌汁を作るだけなら、野菜と油揚げを買えば作り置きなどせずとも5分もあればすぐできるもんね。

というわけで「冷蔵庫なし生活」は意外なほどスムーズに走り出したのでした。

しかし問題は、これだと食卓があまりに地味すぎるということです。しかも連日何の代わり映えもなし。「美味しいもの」に命をかけてきた私が、果たしてこんな食生活に耐えられるのか？

そうしたらですね。いやもう驚くべきことが起きたのです。

何に驚いたって？　まずもって、私の食費は飛躍的に低下いたしました。がっつり食べても一食200円前後がせいぜいといったところ。

しかもこれが、いかにも貧しいガマンの食卓ならとても続けることはできませんが、いやー、もう、なんというか……。

実は私、このところ毎日の食事が楽しみすぎて、いつも小走りに帰宅するありさまです。外食の機会もめっきり減りました。だって家のご飯がいちばん美味しいんだもん。

どうしてこんなことになったのか？　あの、自称グルメであった私が……？

はい。皆様もさぞやお疑いでございましょう。

というわけで、あとは私の食卓を実際に見ていただければと思いまして、この本を書こうと思った次第です。美味しそうかどうかの判断は、もちろん皆様にお任せします。呆れるもよし。鼻で笑うもよし。

しかしですね、月に１万５千円もあれば十分食べていける。しかも準備は10分。しかもレシピ本も作り置きも必要なし。しかも本人は十分幸せ。

だとすれば、人生に何を恐れることがありましょう？

今日のごはん

玄米ご飯
梅干し
厚揚げ焼き
切り干し大根と
人参のハリハリ漬け
ミニトマトのぬか漬け
干しエノキと
ワカメと油揚げと麩の
味噌汁

愛用の木の
道具たち

＊メーンディッシュは大好物の厚揚げ焼きです。ごちそうに夢中だった頃は見向きもしなかった厚揚げが、今やこれなしでは生きていけぬほど好きになってしまったのは歳のせいでしょうか。あるいは近所の豆腐屋さんで揚げたてにありつけるせいでしょうか。これをさらに「ア・ゲ・タ・テ」にすべく、フライパンでジージー焼き、カリッとなったところで適当にちぎってご飯の上に乗っけて、おろし生姜と醤油をぶっかけて食べる幸福！　毎日これでもいいやと思います。人生なんて簡単です。

＊もう一品は、切り干し大根の酢の物。朝、ベランダに干してあった大根と人参の千切りとだし昆布を細く切ったものに上から酢をジャーとかけて放置しておけば、昼には出来上がっております。切り干し大根が甘いので、砂糖やみりんなどを混ぜずとも、これだけで十分甘酸っぱくて美味なり。

＊ミニトマトのぬか漬けは美味しいだけじゃなくて彩りのアクセントにもなるので気に入っております。赤い色ってホント、見るだけで元気が出てきます。

「干し大根おろし」は、炊きたて玄米ご飯の究極の友

「一汁一菜憧れますが、どうしてもワンパターンになってしまいます。どうしたらいいのでしょう」。こういうご質問をときどきいただきます。

しかし……。私のごはん、ほぼ「ザ・ワンパターン」です(笑)。あ、笑い事じゃないですね。で、これじゃあ全然参考にならないですよね……。しかし改めて考えてみれば、これこそが多くの人を苦しめている問題の本質なのかもしれません。誰もが「ごはんはワンパターンじゃダメだ」と思っている。だからこそ「今日は何を作ろうか」と日々悩み、頭を痛めている。というわけで、いきなりですが逃げも隠れもいたしません。

「ワンパターンですが、それが何か?」

一汁一菜。これ、どうやったって基本、ワンパターンなんです。だって、具体的に言えば「飯、汁、漬物」ですよ。一体これにどうやってバリエーションをつけろと? もちろん味噌汁の具が変わったり、漬物の種類や具材が変わったりということはあります。しかし全体としてはだいたい同じです。

もちろんこの基本パターンに「おかず」をプラスしてバリエーションをつけることは可能です。しかしまずは「飯・汁・漬物」をがっちり食べるとなると、実際にやってみればわかりますが、これだけで相当にお腹いっぱいです。あと何品も作って食べるなんてそうそうできるもんじゃあありません。

というわけで、一汁一菜とはまさにワンパターンの食事のことを指すのです。で、「ワンパターン」とは「手抜き」であり「飽きる」。それが常識。私もずうっとそう思ってきました。

ところがですね、実際に一汁一菜を始めてみて驚いたのは、確かに「手抜き」ではあるんです。だって、今日の献立をどうしようかと考えなくていいし、作るのもえらく簡単だし。ところが「飽きる」ってことは全くない。それどころか毎回のご飯が楽しみで楽しみで仕方がない。いやホント。

……いやいや、こんなうまい話があっていいんでしょうか？

我ながらちょっと話がうますぎる気がします。というわけで、これは一体なぜなのかと改めて考えてみました。

毎日同じものを食べていると、確かに、普通はすぐに飽きてしまいます。

新聞記者時代、とある取材で連日の泊まり込みとなり、一週間にわたって朝、昼、晩「幕の内弁当」を食べ続けたことがありました。好きだったんですよ。幕の内。

バランスもとれているし、いろんなおかずも入っているし、かなり幸せ。かなり美味しい。ところが3日目くらいから見るのも嫌になり、4日目以降はご飯と漬物しか口にできなくなりました。

で、今思うに、それは「美味しい」からだったんじゃないか。

例えば高級寿司。極上焼肉。美味しいものって幸せです。あまりの幸せに「毎日でも食べたい！」と思ったりする。しかし実際に毎日高級寿司を食べ続けたらどうなるか。きっと数日で音を上げることでしょう。

食べ物そのものに罪があるわけじゃありません。ただ「美味しいもの」とは、そもそも毎日食べることを前提として作られているものではないんじゃないか。

豊かになった私たちは、毎日美味しいものを食べたいと願うようになりました。でも、美味しいものは飽きる。だからこそ「毎日違うもの」を作らねばならないと誰もが頑張っているのです。

それは確かに、豊かな暮らしなのかもしれません。しかし見方を変えれば、ソフトな「無間《むけん》地獄」とも言えるんじゃないでしょうか。だって頑張って幸せや豊かさを求めるほど、どんどん苦しく大変になっていく。今日のごはんはどうしようかと、少なからぬ人が来る日も来る日も献立に悩み、苦労しています。幸せってそんなに大変な思いをしなければ手に入らないものなんでしょうか。

しかしですね、もしこの無間地獄を抜け出す方法があったなら。

そう、日々「美味しすぎないもの」を食べれば良いのです。

例えばご飯。これは美味しすぎないものの代表です。だってほとんど味がない。しかしだからこそ噛めば噛むほど味わい深い。ご飯を毎日食べてたら飽きたって人は見たことがありません。そして、味噌汁。毎日味噌汁飲んでたら飽きたって人も見たことがない。そして漬物。これも飽きたって人にはお目にかかったことがありません。

そうなんです。一汁一菜って、つまりは「美味しすぎないもの」の集合体なんです。だからこそ毎日食べても飽きることがない。これは考えてみれば実に完成された偉大な食事です。そう考えれば、ワンパターンって究極の贅沢なのかもしれません。

今日のごはん

玄米ご飯／梅干し
海苔
干し大根おろしの
ポン酢と
オリーブオイルかけ
人参と
新生姜のぬか漬け
干しニラとワカメと
麩の味噌汁

＊本日のメーンは何といってもご飯です。というのも私が飯を炊くのは基本3日に一度と決めておりまして、本日がその貴重な「炊きたての日」。というわけで、何よりも「炊きたてご飯を味わい尽くす」ことを目的とした究極の献立がコレであります。

＊ご覧の通りまさに一汁一菜。試行錯誤を繰り返したあげく、結局これが一番ご飯の美味しさを引き立てるという結論に達しました。美味しすぎるものはご飯そのものの控えめな美味しさをわかりにくくしてしまうので、これ以上のものはむしろ不要なのです。断じてサボっているわけじゃあありません。

＊とはいえシンプルなだけに、大根おろしと海苔にはこだわりがあります。海苔は海苔屋さんで購入。そして最近ハマっているのが「干し大根おろし」。その名の通り「干し大根」をおろすんですが、干し大根、知ってますかね？　いやきっと知らないはずです。だって私が勝手に命名したんですから……。作り方は実に簡単で、大根を買ってきたらゴロンと丸のままベランダのザルの上にほったらかしにしておく。すると徐々にしなびてきます。これが干し大根であります。クネクネしておろしにくいのですが、水分が抜けているので水気が出てしまうこともなく、信じられないほど味の濃い、究極の大根おろしが誕生。これにポン酢をかけ、さらにごま油やオリーブオイルをかけると本当にご馳走です。玄米ご飯に乗っけて食べると気絶レベルであります。

おじゃ万歳！　ご飯と味噌汁の合体が実にウマい

私がコメを炊くのは3日に一度、ゆえに貴重な「炊きたての日」はご飯が堂々のメーン。しかし残り2日の「炊きたてじゃない日」はどうなるのか？　それは「我慢の日」？　もしそうなら私の人生の3分の2は心に不満を抱えながら食事をすることになる。

しかし、ご心配には及びません。

確かに「炊きたて」の幸せは、残りの2日にはありません。しかし、ちゃんと「炊きたてじゃない日」だからこそのお楽しみがあるのです。

私は炊飯器も冷蔵庫も持っていないので、ご飯は「おひつ」で保存しています。当初は単なる苦肉の策だったんですが、これが予期せぬことに、あまりにも優れた調理道具だった！　炊きたてご飯をすぐさまおひつに移すと、木が余分な水分を吸い取ってくれるせいでしょう。米の一粒一粒が独立したモッチモチのご飯に！　冷凍ご飯とは比べるべくもありません。

さらにおひつが優れているのは、常温でもご飯が平気で「持つ」ことです。さすがに真夏は厳しいが、東京の我が家においては、それ以外の季節は冷蔵庫などなくとも

3日はいける。

しかし当然のことながら、炊きたてご飯と同様の状態がキープされるわけではありません。日が経つにつれ、どんどん乾いて固くなってきます。だからこそ腐らないわけですが……。

しかしですね、ここで嘆く必要など全くない。固くなったご飯には、炊きたてご飯にはない「良いところ」があるのです。

まず何よりも、レシピ本など開くまでもなく自ずとメニューが決まる。だって「固くなったご飯をどうやって食べようか」となると、選択肢は数えるほどしかないんだもん。となれば献立に頭を悩ませる時間が全く要らないのです。

つまりは私、コメに振り回されて生きております。

いいんですそれで。

そもそも人生で自分がコントロールできることなどたかが知れている。それなのにコントロールしようと頑張るから苦しいの。そもそも好きな相手（コメ）だからこそ振り回されるんです。そんな相手に巡り会えたことこそが幸せなんだよ。

振り回されることを楽しめば良いじゃない。……そう思えば生きるのはずいぶんラクであります。

で、私が最も愛する「固くなったご飯」のメニューがこれ。「おじや」です！

今日のごはん

大根とレタスと
油揚げ入りおじや
赤カブ漬け

＊「おじや」……って若い人はもしや知らないかも？　簡単に言えば味噌味の濃厚なおかゆみたいなもの。残りご飯と残り干し野菜と油揚げに水を足してを味噌を入れ、グツグツ煮れば出来上がり！　あんまり煮詰めるとドロドロのノリ状になりますが、これがまたウマイんだ！

＊それにしても「おじや」って不思議な名前です。年寄り臭いし。で、まさに私の記憶も祖父が原点。大の味噌汁好きだった祖父が鍋の残り味噌汁に残りご飯を入れてグツグツ煮ては食べていた。私も大好きだったんだが、全く上品じゃないし見た目もアレなので、社会人になりゴチソウに目がくらんでいた時は記憶の彼方に忘れ去っていたのでした。ところが「２００円食生活」を始めたらにわかに光り輝くメニューとして急浮上。そーなんだよ。考えてみれば私が本当に好きな食べ物は、ワタリガニのスパゲッティよりも、子羊のプロヴァンス風ローストよりも、そう、どんな世界の珍味よりも何よりもこれだったんです！

＊というわけで、ご飯が固くなるのを心から楽しみに、嬉々としてしょっちゅうおじやを作っては食べている。

＊で、これって考えてみれば、鍋の最後の「雑炊」みたいなもんですよね。あれ、みんな大好きじゃないですか。だとすれば別に鍋など作らなくても（もちろん作ってもいいんだが）最初から「おじや」を作ることに何の遠慮がいりましょう？　しかもこれ

一品で「ご飯と味噌汁」を兼ねているわけだから、作るのも片付けもラックラク。ちなみに私は鍋から直接食べております（笑）。いいのフランス製のお洒落な鍋なんだから！

＊目指せ、おじや復権！　おじや部とか作りたいくらい。

ご飯に酢を混ぜれば、立派な寿司！ 2日目ご飯の大変身

「固くなったご飯」を楽しむ。そのメニューの代表格が「おじや」なんですが、これをもう少し正確に申し上げますと、おじやを作るのは「3日目」と決めております。おじやが好きすぎるので、本当は毎日おじやでも構わないのです。でも炊きたてのご飯でおじやを作るなんてことは、絶対しない。あくまで「米がカチカチになっておじやじゃないと食べられない」日だけのお楽しみ。

だってね、炊きたてご飯でおじやを作っても、どうも美味しくないんだよ。なんか味がボケる感じなんだよね。ご飯がカチカチになるって、考えてみれば「干し野菜」みたいなもの。干すと、なんだって味が濃くなるのです。つまりはおじやとは、ご飯をわざわざ干して味を濃くしてそれを煮るという手間暇をかけたゼータク品なのでありました！

そう考えれば、おじやって究極の贅沢といえないこともない。

そう、炊きたても最高。カピカピも最高。誠に世の中のあらゆるものは、見方によ

ってはすべて最高なのであります。

というわけで、今回は「2日目」のご飯について。

2日目……。中途半端です！（笑）炊きたてでもなく、カピカピでもない。

しかしですね、これはこれで実に最高なんです。っていうのもね、中途半端だからこそバリエーションが生まれる。

……と言っても、改めて考えてみると、大まかに言ってバリエーションは二つしかなかった（汗）。しかしこれは悪いことでもなんでもありません。選択肢は少ない方が「今日のご飯はどうしよう」という迷いはぶっ飛ぶ。ただでさえ悩み多き人生なんだから、これでいいのであります。

で、その二つとは何か。それはズバリ「寿司」と「焼き飯」です。

ちょっと固くなったご飯も、寿司酢を吸えばふんわり柔らかくなる。そして、パラリとしたチャーハンが出来上がるのも2日目のご飯ならでは。これが3日目となると、いずれもご飯が固すぎて「過ぎたるは及ばざるが如し」となる。ほらやっぱり、世の中のあらゆるものにはちゃんと役割があるのです。

今日のごはん

ピーマンとヒジキとラッキョウの混ぜ寿司
赤カブの酢漬け
紅生姜
ニラと油揚げの味噌汁

＊はい、今日は寿司の日です。「寿司」っていうとなんかプロの料理という感じでビビりがちですが、なーに全くどうってことはありません。というのも私、最近、寿司の定義を勝手に拡大いたしました。ご飯に酢が混じってりゃ寿司だと。「酢」といったって、レシピ本を見て酢や砂糖やダシを混ぜて「寿司酢」などというものを作るには及びません。酢ならなんでもいい。米酢でも黒酢でもポン酢でもバルサミコ酢でも梅干しでも、とにかく酸っぱいものが混ざってりゃ寿司だと。

＊というわけで、今日の寿司のキモはラッキョウ。軽く水で戻したヒジキをピーマンと油揚げとで軽く炒め、そこにラッキョウの千切りとラッキョウのつけ汁を足してサッと煮て、ご飯と混ぜれば完成です。そう。ラッキョウとラッキョウのつけ汁が酸っぱいので寿司と認定させていただきました！

＊ラッキョウに限らず、保存食のつけ汁って複雑な味わいがあるので、私は捨てずに調味料として使っています。ラクだし水も汚さないし美味しいし良いことづくめ。

鍋振り不要！　ダッチオーブンで作る、絶品焼き飯

もう一つの2日目ご飯の食べ方、「焼き飯」です。

焼き飯のいいところは、何と言ってもレシピなんていらないってことです。適当な残り物を適当に刻んで、ご飯と一緒に油で炒めれば出来上がり。味付けは塩コショウ、もしくは醤油をちょっと。実にシンプル。しかもチャーハンの具にならないものなんてないんじゃないでしょうか？　で、具材が変われば目先も変わる。

なので「今日も焼き飯？」なんて言われることを恐れちゃあいけません。

以前、「華中華《ハナ・チャイナ》」という料理漫画を愛読しておりました。主人公は、毎日安くて美味しいチャーハンを作る若き女性料理人ハナちゃん。それを楽しみに、連日常連客がわんさか集まってくるという設定です。つまりはですね、焼き飯って毎日食べても美味しいものなんです。しかもご飯とおかずが渾然《こんぜん》一体となって一緒に食べられるわけだから、あとは味噌汁さえあれば堂々の食卓の完成！

なのでもし「え、今日も焼き飯？」なんて言うけしからん輩《やから》がいたら、名前をつけて堂々と対抗すればよし。

「今日のご飯は、ふわふわ卵とネギとちくわの中華風チャーハンだよ～」

「今日は、サバと人参の醤油焼き飯！」

残り物を使うんだから具は無限大。で、具が無限大なんだから、ネーミングも無限大！

こんなに素晴らしい焼き飯ですが、唯一最大の問題は、「うまく作るのは難しい」というイメージではないでしょうか。そう。あの中華鍋をブンブン振る料理人のイメージ。巷でも、美味しいパラパラチャーハンを作るコツがああでもないこうでもないとさまざまに語られております。で、気がつけばいつの間にか、チャーハンといえばプロのように作れるかどうかが肝心であり、そうできない人間（私）はうかつに手を出してはいけないかのように思っていたのでした。

……バカでした。そういう難しいことこそプロにお任せすれば良いじゃないの。その技が堪能したければ、近所の「華中華」ならぬ「町中華」へ。ハナちゃんに負けぬベテラン料理人の華麗な鍋振りを見て「わあ～」と盛り上がることができるのは、自分じゃやできないからこそ！

なので、家で作る焼き飯はもっと気軽じゃなくちゃいかん。要は、ご飯が香ばしく焼けていればいい。何たって「焼き飯」ですからね！

今日のごはん

油揚げとミョウガの
ぬか漬けと
干しキャベツの焼き飯
スダチ
干し大根とワカメの
味噌汁
人参のぬか漬け

このカセットコンロ
１個でなんでも
作ります

＊我が家にはいわゆるフライパンがないのです。あるのは「ミニ・ダッチオーブン」のみ。これ、南部鉄器製でぴっちり閉まる鉄の蓋がついた優れモノですが、問題は、取っ手がないので「全く動かせない」ところ。しかし不足こそが知恵を生み出す。そこから「鍋を振らなくても焼けば焼き飯」という華麗なる発想の転換が生まれたのであります。あらかじめご飯と具とごま油をよく混ぜてダッチオーブンに入れ、蓋をして、弱めの中火にかけしばし放置。そしたらなんと、適度におこげもできてパリパリの焼き飯がちゃんとできてるじゃないの！　まあ本格チャーハンとは全然違うが、これはこれでこういう料理なのだと思えば何の不満もありません。で、鍋のまま食卓へ。底のおこげをガリガリ削って食べるのが楽しいんだからそれでいいんです！

＊油揚げのぬか漬け。超オススメです！　塩味とぬか独特の大人っぽい香りとで、焼いて食べると複雑なチーズみたいな味ですぞ。周囲にこびりついたぬかも洗い流す必要などありません。焼くと香ばしくて何とも美味しい。なので本日はこの油揚げとミョウガのぬか漬けと、ベランダで10日ほど放置されていた味が濃く食感もキュッキュと楽しい干しキャベツを具に。バリッと焦げた玄米のコンビネーションがなんとも言えません。ぬか漬けに味が付いているので味付けは不要。漬物をチャーハンの具にするのは実にオススメです。あと塩辛とか佃煮もいい。ご飯に乗っけて美味しいものならなんでも。だって結局は別々に食べたって口の中で混ざっちゃうんですから。

ベランダ栽培のピーマンで、限りなくタダに近い天丼定食

寿司、焼き飯ときて、本日は丼です。そう丼を忘れておりました。これも中途半端にご飯が固くなる2日目のメニュー。そう考えると、実は2日目が一番バリエーションに富んだものを食べてますな私。中途半端って「懐が深い」ってことなのかもな。

で、なんと天丼つくってみました！　正直言うと天ぷらなんて滅多に作りません。だって揚げもん大変なんだもん！　しかし今回思い切って作ったのには理由がありまして、夏に向けてベランダで育てようと購入したピーマンの苗に、すでに立派なピーマンが二つもなっていたのです。実がなったらすぐ収穫しないと、その実に栄養を取られて次の実がならない。とはいえまだ春。夏野菜食べると体冷えそうだなあと考えていて、そうだ天ぷらという手があったと。ちょうど特価で買った椎茸を干したところだったので、これとかき揚げにしたらすごく美味しそうな気がしてきました。

で、やってよかった！　天ぷらがなぜ苦手だったかといえば、カラッと揚げるのが難しい、油がはねる、そして揚げた後の油の処理が大変という「三重苦」を克服できなかったからですが、なんと今回その全てを解決することに成功したのです。

まず、小麦粉ではなくそば粉を使う。っていうか、我が家にそば粉しかなかったのでなんとかこれで作れないものかと調べてみたら、小麦粉は混ぜると粘るので「さっくり混ぜる」のがコツだが、そば粉は粘らないので水を入れて思いっきり混ぜ、とろとろになったところで具材を投入してさらに混ぜればいいとある。

こりゃあいい！「思いっきり」っていうのが素人にはありがたい。「適度に」っていうのが一番困るんですよね。

で、嬉しさのあまり図に乗って米ぬかまで足してみました。米ぬかといえばデトックス。さらにそば粉だからグルテンフリー。すごく健康に良さそうです。これで揚げ物の罪悪感も完全に帳消しです。で、これを揚げるわけですが、いつも味噌汁やらおじややらを作っている小さな万能鍋「ストウブ」に揚げ油を1センチほど。そこへそば粉に包まれた具を投入。蓋をして中火で数分間。ジャージャーと恐ろしげな音がしますが、我慢していると徐々に静かになってくるので、蓋を開けてひっくり返して、今度は蓋を開けたままさらに1分ほど。

いやいや、なかなかにさくさくかき揚げの出来上がりじゃないですか！　鍋いっぱいに入れるので、鍋の形に可愛く丸く出来上がって崩れることもありません。さらに油もほとんど残らないので、そのまま次の食事の炒め物に利用。

なーんだ揚げもん簡単じゃないか！

今日のごはん

ピーマンと干し椎茸の
そば粉天丼
梅干しとワカメの吸い物

＊こんなに簡単なんだったら、天ぷらって実はものすごく家庭料理向きです。だってレシピ不要。特別な材料を買い揃える必要もなし。そこらに残っている適当な具材に衣をつけて、揚げるだけ。おじや、焼き飯と同レベル。え、天つゆを作るのが面倒？　いやいや天つゆなんていりません。私は醤油をかけて（あるいはつけて）食べます。美味しいです。ポン酢もいい。ソースもいい。塩もいい。カレー粉を混ぜてカレー塩とか、ゆかりを混ぜて梅塩とか、胡椒を混ぜて胡椒塩とかも。

＊ピーマンも椎茸も大きめに切って揚げてみました。その方がジューシーで美味しいかなと思ったのですが大正解！　椎茸はまだ生乾きだったので戻さずそのまま使用。味が濃くて絶品です。自分で干すとこのような楽しみがあります。

＊イナガキ流天丼は、ご飯の上に海苔をちぎって乗せ、その上に天ぷらを乗せて、その上からくるりと醤油をかけて出来上がり。ここに大根おろしがあれば最高。天ぷらを箸で崩し、海苔とご飯と大根おろしと共に大口を開けてパクリ。うーん幸せ……。本当に甘いのです。どうしてこんなに甘いのかと思う。みりんなんて使わなくても、油もピーマンもご飯も実はすべてが甘いのだと思います。

ごはんにも晩酌にも必須の「汁」。出汁《だし》なしで作る、究極の方法

今回は、一汁一菜に欠かせぬ「汁」について。

「汁のある暮らし」。それは健康と、美味しさと、満足のある暮らしです。となるとですね、結果的に、現代人の永遠のテーマ「ダイエット」の悩みからも解放される……と、つい大風呂敷を広げてみましたが、これはあながちウソでも冗談でもない。なぜってまさに私がそうだったから。もはやダイエットという単語は私の人生から消えました。我慢も忍耐もない。ただただ美味しく満足しながら安定した体重を維持して生きております。いやもうこんなことが我が人生に起きるとはね。だって思い返せばかれこれ50年近く、食べたい、でも我慢、という無限ループを繰り返してきた。あれは一体なんだったのか。だって、味噌汁を飲むだけでお腹も心も8割がた満たされるので、我慢もなにも、もうそれ以上食べられないのでした。それだけのことだったのです。味噌汁さえ飲めば良かったのです！

というわけで、今や、我が食卓に何はともあれ味噌汁は欠かせません。特に夕食はこの歳になるとできるだけ軽くしたく、コメ抜き晩酌することも多いのですが、その

際も、何は無くとも味噌汁は必ずという汁マニア。それはまことに穏やかな晩酌であります。ポイントは、汁をすすりながらお酒を楽しむこと。

でもそう言うとみんな驚くんだよね。っていうか居酒屋に行っていきなり「味噌汁」と注文すると、必ず「は?」という顔をされる。「おいおい来たばっかりなのにもうシメかよ……」というお店の方の心の声が聞こえるようです。

しかしですね、そんな狭い常識にとらわれる必要はないんですよ!

とある素晴らしい日本酒を作っておられる蔵元さまは、お酒を飲む時は「最初に味噌汁を飲む」ことを勧めておられました。内臓が温まり、胃の粘膜も優しく保護されて、気持ち良くラク〜にお酒を楽しめると。

確かにやってみるとわかります。味噌汁を飲むと身も心もほっとする。風呂に浸かった時のように、思わず「はあ〜」とため息が出ます。ゆったりします。きっとこの時、胃が優しく保護されているのだと思います。

しかしですね、味噌汁というのは案外作るのが面倒という人は少なくないのではないでしょうか。私もずっとそう思ってた。だってわざわざ鍋一個を使って料理しなきゃいけない。出汁もとらなきゃいけない。しかもちょうど良い分量を作るのが難しく、余って放置しておくとすぐに酸っぱい臭いがしてくる……などなど。

ですが私、この問題を完全に克服いたしました!

イナガキ流味噌汁は、このすべての面倒さと完全に無縁なのであります。で、その作り方。①お椀に味噌（サジ一杯程度）と具（ワカメや干し野菜、乾物など）を入れる。②湯を注ぐ……以上です！

この方式ですと、その手軽さはインスタントの即席味噌汁レベル。いやむしろ袋を切ったり開けたりという手間がないのでインスタントより簡単です。

そして私がこのやり方を覚えてからシミジミ感じたのは、味噌汁って実は出汁なんぞ入れずともシミジミ美味しいのだということでありました。

そうなんです。私はこれまでずっと、出汁というものの見果てぬ神秘性にとらわれていたのです。味噌汁といえば出汁。「まずはきちんと出汁をとりましょう」と幾多のレシピ本にある。しかしそれは目に見えぬものだけにゴールはどこまでも遠く、作る気がどんどん失せていったのでありました。

しかし驚いたことに、「どうすれば出汁を正しくとることができるか」以前に、まさかの「ノー出汁」が美味しかったんです！　それは、あらゆる具から出汁が出ているからなんじゃないか。もちろんカツオ出汁がお好きな方は鰹節をパラリと投入すればよい。しかし、カツオはあまりにも強力なので、どんな具を入れようが味はすべてカツオ色に染まる。強きものは弱きものの声をかき消していくのでありました。しかしよくよく耳を傾けると、弱きものもそれぞれに自己主張をしているのです。

今日の晩酌

人参とカブのぬか漬け
キャベツと油揚げのクミン炒め
ブロッコリーの蒸し煮
干しエノキと干しニラの味噌汁
燗酒
（日置桜　くろぼく強力《ごうりき》
純米酒）

＊「簡単味噌汁」のキモは、具を「乾物」にすること。味が濃くてすぐに火が通るので、湯を注ぐだけで旨味が出てすぐに食べられる。今日は、干しエノキと干しニラ（自家製）を入れました。市販品では乾燥ワカメや切り干し大根もおすすめ。
＊野菜は何でも干せば乾物になりますが、中でもおすすめなのが干しエノキ！　エノキをバラバラにして、ザルか紙の上に広げて日の当たるところに放置しておけば、晴れた日なら1日でワラのようにカラカラになります。キュッキュッとした独特の食感。未体験の美味しさに驚くこと確実です。

花粉症対策、究極のデトックスメニューは「ぬかみそ炊き」

なんか最近、春が来るとなんか複雑な気持ちになります。いやいや、一人で花見に行くのが寂しいとかそういうことでは決してないんですよ！　そうなの。アレがあるからなんです。

花粉！

発症してかれこれ8年ほどになるでしょうか？　以来、このせっかくの「ふわぁ」という幸せなポカポカ陽気がどうにも心から楽しめないのか、いかにもシャクにさわるんだ。だって以前はあれほど好きだった「春」という季節が、心から「好き」とは言えなくなってしまったんですよ。まるで、ごまかしようのないシビアな倦怠《けんたい》期を迎えた恋人同士のようです……。とはいえ。そんな愚痴を100回こぼしたところで事態は改善されません。なんとかこの症状を少しでも辛くないものにするために、ええ考えましたとも。

まずは花粉を体の中に入れないことですが、もう一つ肝心なのは、うっかり体に取り入れてしまった花粉を、できるだけ速やかに体の外に排出することです。

そんなことできるの？　とお思いかもしれませんが、ここは「できる」と信じて頑張るしかありません。なーに「頑張る」と言っても大したことじゃない。つまりは「デトックス食材」を意識的に食べるだけ。これならば、薬を飲むのと違って副作用もありません。それに即効性は無くとも、大きな目で見れば「健康に良い」ことは間違いないので、体にいいことしてるんだ、腸が綺麗になってるんだと思うだけでも、花粉症につきもののイライラやストレスから随分と解放されます。

で、ぜひお勧めしたいのが「米ぬか」。何しろフグの猛毒も無力化するほどそのパワーは強力らしい。

でもね、米ぬかを「食べる」人ってあんまりいないんじゃないでしょうか。何かモソモソしそうだし、美味しそうな気がしない。私も時々お好み焼きの粉に混ぜる程度で、米ぬかといえばもっぱらぬか漬け用なのでありました。ところが先日、ある重大情報が！

ひょんなことから、ある「憧れのお宅」にご招待いただく機会に恵まれまして、というのもこのお宅のご主人、食の好みが私とめちゃくちゃ似てる！　客人が来た時の最高のおもてなしが「七輪で焼くウルメ」っていうんだから、いやー、なんて地味！で、なんて粋！　しかも熱燗《あつかん》好き！　炭火にかけた薬缶《やかん》でお燗をつけながらみんなでワイワイやるっていうんだから、いやーほんと夢の食卓だあ〜と調子よく飲み食いさせていただき、リラックスのあまりペラペラといつもにも増してあることないことしゃべりまくり、その中で我が「ぬか漬け愛」を熱心に語っていたところ、「あ、僕の故郷に『ぬかみそ炊き』って言うのがあるんですよ」と。え、なになにぬかみそ炊き？ そりゃ初耳です。どんなお料理なんですかと尋ねると、なんとぬか床の「ぬかみそ」を調味料に使ってイワシやサバを煮るとのこと。

え、なんとあの、ぬか床を調味料に⁉

いや確かに食べられないことはないとは思うけど、なんというか、どう贔屓《ひいき》目に見ても、パッと見それほど「美味しそう」とは思えない。っていうか、はっきり言えば不気味と言えないこともない。それをなんと、堂々の主役調味料に⁉

正直、どんなお味なのか想像もつきません……とモゴモゴ言っていると、「よければ送りますよ」とのこと。え、ホントですか⁉

というわけで、はるばる小倉から送られてきました「ぬかみそ炊き！」。

確かに見た目、めっちゃ茶色い！ これはまごうことなき「ぬか床カラー」に間違いない。しかも煮汁がドロッドロ……。期待と不安が交錯しますが、何はともあれドロドロな液体に紛れた茶色いサバの塊を箸でつついてみる……な、なにこれ？ 超シットリなんですけど⁉ と感動覚めやらぬうちに、思わずパクリ。

う……う、うまい‼

っていうか、なんだろうこれ？　この深い味？　複雑な味？　塩味ともしょうゆ味とも味噌味とも違う、癖があるかと思いきやそうでもない。なんというかその、いや、「うまい」としか言いようが……。ああこういうとき我が語彙力のなさがなんとももどかしいのですが、頑張って言葉にしますと、サバの「クセ」とぬかの「クセ」が絶妙に絡み合って、もう「これしかない」というような、なんともドンピシャリな、これぞザ・日本のおかず！　ご飯もお酒も止まらなくなる鉄板の肴です！

というわけで、実はこの時すでに夕飯を食べ終わっていたのですが（食べ終わったちょうどその時に郵便屋さんがやってきたのです）、もう我慢できずに即効で大根おろしをたっぷりとすり、さらに台所の秘蔵の日本酒を取り出してアツアツに燗をつけ、ゆるゆるとした春の夜の晩酌を心ゆくまで楽しみましたとさ。

今日のごはん

玄米ご飯
梅干し／海苔
イワシのぬかみそ炊き
大根おろしの酢がけ
ズイキとアラメと
スナップエンドウの
味噌汁

＊で、さっそく作りましたぬかみそ炊き。作り方はもうホントに簡単です！　イワシをぶつ切りにして、生姜と日本酒と醤油とぬかみそ（ぬか床のぬか）を適当に入れて弱火でコトコト煮るだけ！　これは小倉地方の郷土料理で、安い青魚がたっぷりと手に入った時、こうしてじっくり煮込んで保存食としたのだそう。安くて、簡単で、健康にもよくて（何せ血液サラサラの青魚にデトックス効果満点の米ぬかですからね！しかもぬか床は発酵してるのでさらにパワーアップ）、保存もきく。なーんて合理的なお料理でしょうか。やはり昔から伝わる料理の合理性と知恵の深さはハンパありません。砂糖やみりんを入れることが多いようですが、入れずとも全く問題無し！　不思議なことに甘みを入れなくてもしっかり甘い。これは魚のアブラの甘さだと思います。砂糖を入れちゃったらこの甘さを感じることはできぬ。

＊魚に大根おろしを添える時、一般的には醤油やポン酢をかけると思いますが、私が気に入っているのは「お酢」。魚の濃厚な味わいがシンプルに引き立つ気がします。

手作り「桜の花の塩漬け」で、いつもの料理が春っぽく変身

今年（2017年）の東京は、桜が早く咲いて早く散ってしまいました。ぐずぐずしている間にすっかり花見のタイミングを逃してしまった私です……。で、どことなく釈然としない思いを抱いていたのですが、よくよく考えてみれば、なにも花はサクラだけじゃありません。っていうかサクラだって、ソメイヨシノは散ったが八重桜は今が盛りじゃあないですか。でもみんなソメイヨシノばっかりに注目するので、八重桜が満開でもほとんど誰も見向きもしやしねえ。っていうか私もずーっとそうでした。なんと視野の狭いことであったか。でもね、今年の私は一味も二味も違うんです。というのも、ふと「いいこと」を思いついてしまったからです。

それは……「桜の花の塩漬け」作り！

桜の花の塩漬け。お茶にして飲んだ経験のある人は結構いらっしゃるのではないでしょうか？　和菓子のアクセントに使われていたりもしますよね。でもお茶やお菓子だけじゃなくて、料理にも使えるんです……ってことをつい最近自覚しました。というのも、知り合いから桜の塩漬けをたくさん頂くという幸運に恵まれ、その香りの素

晴らしさと、ライトな梅干しのごとき何とも食欲をそそるしょっぱさに、これはお茶以外にもいろいろと使えるのではとトライしてみたらすっかりハマってしまったのです。

例えば、玉ねぎやジャガイモや白身魚の天ぷらに、この塩漬けを乗っけて食べる。あるいは大根やカブを塩もみにする時、この桜の塩漬けを混ぜてモミモミする。いずれもほんのり桜の香りがして、まるでどこぞの料亭か気の利いた小料理屋の一品のようですぞ。

で、中でも最近ハマったのが、「おから漬け」（p208で紹介）のモトとなる「おから床」に投入すること。おからのふんわりとした甘さに、桜の香りと塩気が何ともオツなアクセントになって実に美味しいのです。そんなこんなで大活躍を始めたと思ったら、大量にあった塩漬けがたちまちなくなってしまいました。買い足すとなると案外と高価なんですよね。お茶にして一つずつ大切に飲むなら高くてもいいんですが、食材として使うとなるとどうしても二の足を踏む価格です。

で、グズグズしていたところへ、目の前に、近所で満開となった公園の八重桜が。それを見て、キラーンとひらめいたのでした。

自分で作っちゃえばいいじゃないの！

作り方はとっても簡単です。ビニール袋に花と塩を適当にばさっと入れてモミモミし、しんなりしたところで空気を抜き、一晩ほどそのまま放置してから干す。お酢を入れると赤みが増すと聞き、家にあった梅酢を数滴入れたら本当に綺麗なピンク色になりました。もちろん普通のお酢でもいい。

こんなに簡単な桜の塩漬けですが、一番の難関は花を手に入れること。公園の木からむしり取るわけにもいきませんから、桜の咲いている複数の公園をマメにチェックして、綺麗に散った花を地道に拾って歩きます（笑）。はっきり言って相当に根気のいる作業です。花粉よけのサングラス姿で公園の地面を物色して歩く姿は相当に怪しまれていた気がしますが、あの「極上おから漬け」を食べられると思えばなんのその。

最近ではどこへ行っても八重桜の木を見ると思わず駆け寄ってしまいます。まあ考えようによっては、人生の楽しみがまた一つ増えたということかと。

今日の手仕事

桜の塩漬け
（写真は漬ける前）

塩に漬けた桜を
干しているところ

ぬか漬けは生き物。「飼う」という気持ちで末永くおつきあい

今やこれほど「ぬか漬け押し」の私ではありますが、正直に告白しますと、自分で一からぬか床を作ったことはないのです。だってぬか漬けを始めたきっかけが、「たっぷりのぬか床に浸かった絶品水ナス漬け」を頂いたことだったんだもん。その絶品水ナスをありがたく食べた後、ふと見ればそこに大量のぬか床が残っておる。それを見てですね、キラーンとひらめいてしまったのでした。

なにしろ漬物作りに命をかけておられる老舗のヌカ。ぬか漬けなど作ろうと思ったこともなかった私ではありますが、もしやこれを使えば老舗の絶品ぬか漬けと同等の品が簡単に作れちゃうんじゃないだろうか？

というわけで、その老舗ぬか床をベースに、減ってきたらぬかや塩を適当に足し、思いついた時に唐辛子やらミカンの皮やら柿の皮やらサンショウやらを適当に投入して今に至るというわけです。老舗の味が再現できているかどうかはわかりませんが、っていうか様々な試練をくぐりぬけたぬか床ですから元のぬかとは似ても似つかぬものになっているとは思いますが、いいんです！　いずれにしてもこうして機嫌よくぬか漬けライフを送っているわけですからね。

なので、これからぬか漬けを始めてみたい

んだけど一体どうしたら…というご相談を受けた時は、いつもきっぱりと、

「スーパーに行けばぬか漬け用のぬかを売ってるから、それを買えばいいよ!」

と、身もフタもない助言をしております。

確かに一からぬかを作る方が「本格的」な感じがして素晴らしいと思うんですが、ただでさえぬか漬けって、毎日混ぜないとどうなっちゃうのかとか、カビが生えたらどうしたらいいのかとか、やってみる前から考えるだに恐ろしい心配事が次々と頭に浮かんでくる。そこへもってきて、スタート時点から「手作りぬか床に挑戦」となると、あまりにハードルが高すぎて、もうやりたくなくなっちゃうんじゃないかと。なので、まずは気軽に始めてみるべしと言いたいのです。どっちにしても、ぬか漬けライフを送るうちにぬか床はどんどん変化して、否応なしに自分の味になっちゃうんですから。スタートで逡巡する意味などほとんどないと思うのであります。

で、私が力説したいのはここからです。最初は手間をかけず。でもいざぬかを手に入れたら、そこからは手間をかけねばなりません。いや手間ったって大したことはない。でも1日1度、数分間はぬかのために時間を作ってほしい。つまりは混ぜてやってほしい。

もちろん忘れちゃうこともあるし、疲れていたり時間がなかったりしてほったらかしになることもある。でもそうであっても、心のどこかでぬかのことを心に留めてやってほしいのです。で、あ、忘れてた! と思ったら、2日目でも3日目でもいいからちょこっとだけ時間をとってほしいのです。ここが、ぬか漬けライフを送れるかどうかの分かれ道!

……なんていうと、みんな同じことを思うわけだ。やっぱりぬか漬けって真面目な人、マメな人、根気強い人じゃなきゃだめなのね、私にはとてもムリと。いやいやちょっと待った。そういう問題じゃないのです。

ぬか床は生きているのです。正確には、ぬか床の中で「菌様」が生きておられるのです。それが、ナスやらキュウリやらをせっせと美味しく料理してくだっている。つまりは、あの茶色いベタベタとした物体の中にはフレンドリーな料理人が住んでおられるのであります。そう。これこそが「分かれ道」。ぬか床が「生きている」と考えられるかどうか。ペットの世話をするように可愛がってあげることができるかどうか。

それは案外ぬか床だけのことじゃないかもしれません。人は一人で生きているようでいて全然そうじゃない。さまざまなものと助け合いながらなんとか生きているのです。世知辛い世の中では「他人の得は自分の損」と考えがちですが、そんなこたあない。みんながよくなれば自分もよくなる。そう思えるようになったら人生変わります。

なのでまずは、ぬか様を助け、助けられながら生きてみませんか。

料理人が窒息死しないようにと思えば、1日1度混ぜるなんてどうということもないはずです。冷蔵庫に入れるなんてもってのほかですぞ。ペットの世話が面倒だからって冷蔵庫に入れませんよね？　ぬかだって同じです。そのように考えることができればやるべきことはおのずと見えてきます。

つまり、ぬか漬けライフとは孤独からの脱出路なのであります。

1 口の広い器だとかき混ぜやすい。

2 留守にする時は、ぬか床の表面に厚めに塩をする。

夏の食卓

乾物を醤油と酢で煮るだけで、混ぜ寿司の具が完成！

東京も少しずつ梅雨らしくなってきました。

つまりは、干したものがどうしてもカビてしまう季節です。ピンチ！

なのでここは発想を転換し、「乾物をガンガン使い切る期間」と認定することに。

戸棚の奥にしまってある市販の乾物もどんどん使ってしまおう。というのも、モノの本によれば、乾物は「梅雨を越してはいけない」とある。なるほど確かにそうだ。カラカラに乾いたものでも一旦湿気に当たるとたちまちカビる。冷蔵庫をなくして以来、全てを乾かすことで日々の食生活を乗り切ってきた私にはよーくわかります。

というわけで、本日は乾物をガンガン食べるのに最適な献立。それは「寿司」です。

以前、「酸っぱいものが入ってりゃ寿司」という乱暴なマイ定義をご披露いたしました。なので、例えばサラダとご飯を混ぜても寿司。でもそういうものばかり食べているとし体が冷えてきます。特に梅雨の湿気は意外に体を冷やす気がして、じっくり火を通したものが恋しくなってくる。なので今こそ乾物の出番！

なんたって、乾物って乾いている時点ですでに太陽の火が入っていて、それをさらにじわりと煮るんだから、実にじっくりと火が通っている。これを混ぜ寿司の具にするのです。これがね、実にひなびたシミジミとした美味しさなのだよ。とはいえ、昨今は乾物というと「面倒臭そう」と敬遠する方が多いと聞きます。いやいや、とんでもありません。あれほど簡単なもんはないよ(まあ私も最近知ったんですがね)。

で、イナガキ流乾物の食べ方は以下の通り。①好みの乾物(ヒジキ、干し椎茸、切り干し大根、高野豆腐などなんでも)を鍋に入れ、ひたひたになるまで水を足す。②柔らかくなったところで火にかけ、好みの味をつけて出来上がり。

で、これを酢で味付けしてご飯に混ぜれば「寿司」の出来上がりというわけ。

乾物は、戸棚に余っているものを適当に入れればオッケー。一種類でも数種類でも。ここに人参や玉ねぎや青菜などの野菜や油揚げを加えて煮ても美味しいです。

というわけで、まとめ。

料理なんて最終的に柔らかくなって味がついていればいいんです。で、乾物はそもそも太陽の火が通っているので柔らかくなるのが早い！　さらに乾物そのものの味が濃いので、味付けは適当でもちゃんと美味しくなる。できる。

で、どんな味音痴でも酢を入れればだいたい何でも美味しくなる！

つまりはですね、「乾物寿司」って、実は誰でも美味しく簡単にできて失敗のない「超手抜き料理」なんだと思う今日この頃であります。

今日のごはん

ヒジキと打ち豆と
人参の混ぜ寿司
梅干し／海苔
ウリのぬか漬け
青菜のオイル蒸し
キャベツと麩の味噌汁

＊「打ち豆」とは、つぶした大豆の乾物。豆を一から煮るのは大変ですが、これはちょこっと水で戻せばそのまま煮ても炒めても食べられるという優れもの！　関西ではなかなか手に入らず憧れの食材だったのですが、なんと東京では普通のスーパーでも手に入る！　というわけで、嬉しさのあまりしょっちゅう食べてしまいます。地域によって売っているものが違うのも乾物のオモロイところです。

＊その豆とヒジキと人参を鍋に入れ、少量の水を足して10分ほど放置。そこへ醤油と酢で適当に味をつけて火にかけ、水分がほぼなくなったら火を止めます。それをご飯に混ぜれば堂々の寿司の完成！

夏のスペシャル、うま酸っぱい、具沢山の味噌汁

いやー暑くなってきましたね！　暑いとやたらと酸っぱいものが食べたくなるイナガキです。

さて、今週も味噌汁の話題。ただし付け合わせではなく、メーンとしての味噌汁。実は私、夕食は「味噌汁だけ」で済ませることも少なくありません。

なーんて言うと「えーっ」と思われるかもしれません。どんだけ手抜きなんだと。あまりに質素すぎやしないかと。しかしですね、実は全く驚くようなことじゃない。たぶん「味噌汁」と言うからいけないのです。

「今日のメーンは具沢山の野菜スープだよ〜」。そう言われれば「えーっ」と言う人は大幅に減るのではないでしょうか。むしろ、なんだかとってもオシャレな感じ。

で、このスープをですね、味噌味にすればたまたま「味噌汁」となると。

私は個人的に味噌好きなのでたいがい味噌を溶き入れるのですが、お好みで塩味でも醤油味でもいいのです。さらにあれこれ残り物のスパイスなど入れれば、たちまち異国風となる。つまりは「スープで夕食」ってことですね。で、しつこいようですが、

そこに味噌を入れることを恐れないで欲しいのです。味噌汁だって立派なスープの一つであると、味噌汁の地位向上のために声を大にして言いたかったのでありました。で、改めて、スープ（あるいは味噌汁）って夕食にぴったりだと思うのです。

まず、温かいスープを飲むとリラックスできます。それから消化がいい。またスープというとコトコト煮込むので時間がかかると思われがちですが、ちょっとした工夫で超時短料理になるんですよ。コツは、早めに仕込んでおくこと。日中仕事をしている人なら、朝家を出る前に具と水を鍋に入れ蓋をして沸騰したら火を止める。それを座布団や厚手のタオルなどに包んで置いておけば、夕方に帰宅したら鍋を再び火にかけて、温まったところで好みの調味料で塩味をつければ、いきなり幸せな夕食タイムです。５分もかかりません。

たとえ家族の帰宅時間がバラバラでも、その都度本人が鍋を温め直せば良い。なんという合理的な料理でしょう。そして、レシピいらず。とにかく残っている野菜やキノコや肉や魚をなんでもいいから細かく切って、水に入れて煮込めばオッケー。味付けは味見をしながら好みの塩味をつければよし。出汁はわざわざとらずとも、たくさんの具材から複雑な出汁がしみ出してきますから無問題ですぞ！　もちろん昆布やカツオを入れて、そのまま食べてしまっても。

今日の晩酌

トマトと玉ねぎと
ジャガイモと
切り干し大根の
酸っぱい味噌汁
燗酒（生酛《きもと》のどぶ）

*トマトはすごく旨味のある野菜で、皮ごとザクザク切って入れるだけで、赤くてうま酸っぱい最高の味噌汁（スープ）が完成。まさに出汁いらずです。私は暑い日には、ここにさらに酢を入れて、さらにコショウとオリーブオイルをたっぷりかけて食べています。じっとりと汗だくで過ごした1日が、その赤く鮮烈な酸味たっぷりの汁を口にした瞬間、すううううっと爽やかな風に吹かれたような気持ちになる。明日も頑張ろうと思えます。

*で、これにて晩酌。あえて熱々の、キレッキレの濁り酒と。開け放った窓の横に置いたちゃぶ台で夕方の風を感じながら燗酒をグビリ。で、スープをズズッと……ああ永遠の幸せ。

ベランダ栽培のバジルとオリーブオイルで、イタリアン冷や汁

エアコンも扇風機もない私の夏の標語は「キュウリの美味しい季節が来た！」。キュウリは体を冷やすらしいですからね。

ということで本日は、そのキュウリを使った夏ならではの献立。「冷や汁」です！　元は宮崎県などの郷土料理だそうですが、つまりは「冷たい味噌汁」であります。っていうか、これは「味噌水」と言うべきか。だって基本、味噌を水で溶かすだけ！　そしてそこへ生の野菜と豆腐をトッピングして完成。これはもうほぼ……サラダ？　そしてこれをご飯の上にぶっかけて食べる。となるとですね、ご飯さえあれば、夏の暑い日に全く火を使わずともこれだけで「一汁一菜」が完成するわけです。あとはもうなーんにもいらない。なんという合理的な料理なんだ!!

実は私も最近までこの素晴らしい料理の存在を知らなかったのですが、知ってしまったらもうすっかりやみつきに。今や暑い夏の昼食は、ほぼ毎日こればかり食べていると言っても過言ではありません。

似た料理としては、スペインやポルトガル料理として有名な「ガスパチョ」があり

ます。あれも、夏野菜とパンを水とオリーブオイルとビネガー（酢）で混ぜたものを擦りつぶして食べるわけですから発想はほぼ同じ。洋の東西は分かれても、人間って同じようなことを考えてるんだなーと思うと面白い。これからの人生でもし南欧方面へ行くことがあれば、ぜひ現地の人に冷や汁を食べさせて感想を聞いてみたいです。

というわけで、基本の冷や汁の作り方は以下の通り。

①味噌を水で溶かす。②そこに適当に切ったキュウリと豆腐を入れる。③それをご飯にぶっかけて食べる。

それだけです！　つまりは、味噌汁だと湯を沸かして具を煮るという「ひと手間」が必要ですが、その手間すらもない。で、これはあくまで基本形で、具は火を通さずに食べられるものなら何を入れてもオッケー。

ガツッとした旨味が欲しければ鰹節を投入すればよし。すりごまも香ばしくてよい感じ。青じそ、ミョウガ、生姜、その他ハーブを入れて香りを楽しむのもよし。梅干しを入れると頭がシャキッとする。汗をかいた日は塩昆布を入れると塩分補給に最適。オリーブオイルやごま油をちらりとかけて香りを楽しむのもよし。

要するには味噌汁と同じで、具は何だっていいのです。バリエーション無限大。なので、毎日冷や汁でも何の不満もないのです。

今日のごはん

ぬか漬けキュウリと豆腐、
ミョウガと麻の実と
バジルの冷や汁
ラッキョウの梅酢づけ

ベランダで
サラダ野菜

＊冷や汁に入れるのは生野菜ばかりでなく、ぬか漬け野菜もオススメです。キュウリのほか、ナス、ピーマン、セロリなど。独特の歯ごたえと深い味が味噌の味わいと渾然一体となり、簡単料理とは思えぬチャーミングなご馳走となります。

＊冷や汁といえば青じそを入れるのが定番ですが、今回はベランダで茂りまくっているバジルを投入しました。なのでそれに合わせてオリーブオイルをかけて「イタリアン冷や汁」に（笑）。ここにミニトマトを入れるとまさにイタリアンカラー！

＊冷や汁の一番の醍醐味は、豆腐を冷たいままご飯や具とぐちゃぐちゃに混ぜて食べること。これがなんともひんやりふんわりとして、しかも味わいが甘く柔らかく、この優しい美味しさはガスパチョにはありません！　豆腐のある国に生まれた幸せをクゥ〜と噛み締める瞬間です。

オリーブオイルで、そば サラダ。そば湯味噌汁が、またイケる！

普段は玄米を機嫌良く常食しているのですが、こう暑くなってくるとさすがに毎日玄米は重い。というわけでこのところ二日に一度はそば。ですがこの、そばの食べ方も、いつもと同じで全くのワンパターンであります。

毎回毎回、そばサラダ！

いや……つい格好つけて「サラダ」なんて言ってはみましたが、つまりは、いつも食べている「ご飯にぬか漬け」の「ご飯」が「そば」に代わっただけなのでした。そばの上に適当に切ったぬか漬けを乗っけて食べるだけ。とはいえ一応サラダですから、味付けは上からオリーブオイルとポン酢をたらり。まあバカみたいに簡単。しかしこれがバカにならない美味しさ！　実はこの料理のアイデアの元は、とある居酒屋さんのメニュー。そこではまさに「サラダ」で、生野菜とそばをあえてオリーブオイルとワインビネガーがかかっていたのですが、一口食べたら「……!!」。

そばとオリーブオイル、絶妙に合うじゃないか！

というわけで、具はぬか漬け以外でもなんでも。まずはやっぱり夏野菜。安いしね。

トマト、キュウリ、ピーマン、ミョウガなどなど。あと、残り物のおかずを上からかけてもいい。ナスやインゲンの煮物とか、ゴーヤーチャンプルーとか、カレーの残りでも！　まあそうなるともうサラダじゃないですが。つまりは難しく考えず、丼物のそばバージョンと考えればなんだってあり。で、なんだって美味しいのです。

……で、ここまで熱心に書いておいてなんですが、どうしても書きたかったのは、実はこのそばサラダのことではなくて、一汁一菜の「汁」について。

実はふと思いついて、そばを茹でた後の「そば湯」で味噌汁を作ったらどうかなと思いつき、やってみたのです。というのもですね、我がカセットコンロ生活においては、一旦沸かした湯は大変な貴重品。熱源が一個しかないので、そばを茹でて、さらに味噌汁を作るとなると2度に分けて湯を沸かさねばならない。時間もガスもあまりにもったいないではありませんか。

というわけで、そうだ、この、麺を茹でた後のそば湯を捨てずに、これに味噌を溶かして味噌汁にすればいいじゃないかと。お蕎麦屋さんではそば湯をめんつゆで割って飲むわけですから、できないわけがなかろうと。で、結論から言うと実においしゅうございました。そば湯独特のやわらかさと香ばしさが感じられる、とろりとした味噌汁は、まさに未体験の美味しさ！　夏の優しい水分補給にピッタリだと思います。

いやいや、何事もやってみるものですな。必要は発明の母であります。

今日のごはん

ミニトマトと
ぬか漬けキュウリと
炒め甘長とうがらしの
そばサラダ
ナスのそば湯味噌汁

＊今回のそばサラダの具は、生野菜（ミニトマト）、ぬか漬け（キュウリ）のほか、微妙に残っていた甘長とうがらしと玉ねぎを炒めたものを投入。つまりは残り物一掃メニューですが、この「炒めた野菜を投入」というのが思いのほかヒットでした。生野菜ばかりしゃくしゃく食べていると「私はウサギか！」と叫びたくなる時があるのですが、焼いた野菜が少し入るだけで「私は人間」と感じられる（笑）。焼くと野菜が甘くなるので気持ちが落ち着くのかもしれないですね。
＊味噌汁のナスは、そばを茹でる時に一緒に茹でておく。で、その「そば湯ナス」に味噌を溶かして堂々の味噌汁完成です。まあ手抜きともいうが、工夫ともいう。

ニンニクなしでもイタリアン。全粒粉ならパスタ湯でスープも

さて前回は、そばを茹でた後の「そば湯」の画期的利用法（自称）についてお伝えいたしました。これはかなりの大発見だと、さんざん自慢をさせていただいたところであります。で、今回はそれに味をしめて、麺を茹でた後の湯の利用法第二弾！

パスタです！

夏になると玄米が重くなるのでそばをよく食べるというのは前回ご報告した通りですが、その流れで時々パスタも食べる。といっても、茹でるものがそばからパスタに代わっただけで、具も味付けもほぼ同じ。残った野菜やらぬか漬けやらを炒めたりあるいは炒めなかったりして、トッピングしたり混ぜたりするだけ。炒めればふつうのパスタ、炒めなければパスタサラダと名づければよろしい。

で、「ふつうのパスタ」の場合、通常のレシピではほとんどの場合「オリーブオイルでニンニクをじっくりと炒め、それから具を炒める」とある。なので私はずうっと、パスタといえばニンニクが必須であると頭から信じきっておりました。ところがある日、ニンニクがないけど今日はパスタを食べたいなと思って作ってみると、なんと、

なくても十分に美味しいじゃないの！　もちろんあっても美味しいですが、なきゃいけないってことは全くなかったのです。物足りなくもなんともない。

まあなんでもやってみるもんです。味付けも、イタリア風の調味料を使わなくたって醤油や味噌で十分に美味しいですよ。で、「なーんだ、パスタ、そばと同じじゃん」と思った私の目は当然のことながら、パスタを茹でた後の湯に向かったのでした。

もしやこれも……そば湯と同様に使えるのでは？　そば湯ならぬパスタ湯？

というわけで、さっそく味噌汁にしてみようかと思ったのですが、問題が一つ。パスタを茹でる時は湯に塩を入れる。なので、パスタ湯は塩っ辛いんですよね。ここに味噌を入れると「塩っ辛い味噌汁」になってしまいます。

ということで、そのままワカメを入れて「すまし汁」に。見た目、焼肉屋さんで食べる韓国風ワカメスープそのものです！　なのでごま油を垂らして韓国風に仕立ててみる。その結果……。

う、うま〜い！　まさに韓国風ワカメスープなんですけど、ゆで汁特有のとろっと感もあって最高です。しかも元々塩味がついているから味付けいらず。お椀に乾燥ワカメとごま油を入れて、その上からパスタ湯を注ぐだけ！

今日のごはん

満願寺とうがらしとナスと
ぬか漬けミニトマトの
味噌パスタ
パスタ湯のワカメスープ

＊感動のあまり調べてみると、そばにせよパスタにせよゆで汁には麺の成分が流れ出しているので、美味しさだけでなく体に良い栄養もたっぷりだそうです。夏の水分&栄養&塩分補給にまさにぴったりじゃんと、特におもしろきこともなき日常の中でグフフと一人喜んでおります。

＊パスタは茶色い全粒粉のものを使いました。香ばしくてガツッと食べ応えもあって、さらに「パスタ湯」も栄養があって美味しい。そば湯も、8割とか10割そばじゃないとあんまり美味しくないらしいですから。

＊パスタの具は、ベランダに干しておいたナスと満願寺とうがらしをオリーブオイルで蒸し焼きにして、ぬか漬けトマトを放り込んで醤油と味噌で味付け。全粒粉パスタの場合、味噌の相性がなかなかいいのです。味噌パスタ。ぜひ。

魚介はなくてもパエリア。炒めて炊けば、玄米もすぐふっくら

さて、夏は玄米が重い……ということはすでに何度か書きました。なので麺を食べることが増えるのですが、もう一つの選択肢が「玄米粥」です。

玄米を一からおかゆにしようと思うとえらく時間がかかってしまうけれど、実は裏技がありまして、玄米をパチパチとはぜるまで乾煎りしてから水をたっぷりと足しておかゆにすると、すぐに柔らかくなるんです。香ばしくてサラリとしていて重くない。栄養もたっぷり。夏の水分補給にもなる。素晴らしい！

というわけで、具にニラやトウモロコシを入れたりしてしょっちゅう作っては機嫌よく食べていたんですが、ある日いつものように玄米をパチパチと煎りながらふと、これってどこかで見た光景だなあと。

そうだ！　パエリア！　乾煎りじゃなくてオリーブオイルで炒めたら、あとは水と具を足して……って、作り方、ほとんどパエリアと一緒じゃん。

というわけで早速パエリア（のような何か）を作ってみました！

まずは、フライパン代わりに使っているミニ・ダッチオーブンにオリーブオイルと

玄米を入れて、しっかり炒めます。そこへ干したゴボウと人参とゴーヤと赤ピーマン（つまりはベランダに放置していた干し野菜全部）を加えてさらに炒め、そこへ水をジャッと入れる。水加減は、だいたいいつものご飯を炊くような感じでいいかなと適当に。で、パエリアといえば魚介が入っていることが多いけれど、あいにくそんな洒落たものはありゃしない。しかし、ちょっとは海の風味が欲しい……。あ、そうだ！小さく切った出汁昆布と塩を投入すればいいじゃんよ。

で、ぴっちりと蓋をしてしばし加熱。パチパチと音がしてきたら弱火にして、蓋を開けていい具合に水分が飛んでいたら……完成？　どれどれ、お味はいかがなものでしょうか。

……いやね、いつもいつも自画自賛で申し訳ないですけど、これって、まさに、ザ・パエリアじゃないですか!!

味付けは塩だけですよ。巷のレシピでは必ず入っているサフランも入れていないし、アサリもムール貝も肉も入ってない。具は適当にベランダの干し野菜を入れただけ。しかし、これは本当にまごうことなきパエリアそのものです。八百屋さんで売れ残っていた処分品の赤ピーマンがうまいのなんの。ゴーヤーもほろ苦くて絶妙のアクセントに。

で、私確信いたしました。

パエリアって、なんだか日本では非常に小洒落た料理のように思われておるが、これはヨーロッパではそもそも「残りもの消費料理」だったに違いない。つまりは我が家のおかゆと一緒です。最初に「米を油で炒める」というところが日欧では違うけれど、その後の作り方はおかゆと全く変わらないんだもん。

そう思ったらパエリアが急に身近な料理に！　おかゆに入れられる夏野菜は限られているけれど、パエリアなら本当に夏野菜がたっぷり食べられる。キノコ、トウモロコシ、人参、ゴボウ、大根。なんでも美味しい。ただあまり水分が多い野菜だとベッチャリしてしまうので、「干す」という一手間が案外と重要な気もする。そしてオリーブオイルがたっぷり入っているのも夏っぽい。油っこくて重いってことも全然ありません。つまりは土用の鰻を食べるみたいなもの？　食欲のない夏のカロリー補給になる気がする。そうだ醤油油や味噌味でもいけるんじゃないかな？

というわけで、このところしょっちゅうパエリアを食べているのでありました。レシピなんていりません。野菜とオリーブオイルの旨味でなんだって美味しくなる。もちろん魚介や肉を投入すれば豪華版に。

今日のごはん

干した夏野菜と

干しシメジのパエリア

ワカメと麩の赤味噌汁

夏は見切り品大盛況！　すかさず、簡単調理でぱくり

このところラジオで天気予報を聞いていると、夏の暑さが「悪い」と言わんばかりのアナウンサーの方の憎々しげな口調が気になります。「うんざりですね」「熱中症にはくれぐれも注意」。ハイもちろん暑さをなめてはいけません。体調管理は万全に。しかし夏はやはり暑いのです。暑いから夏なのです。っていうか、いくら嫌がったところで夏は毎年律儀にやってくる。ならば暑さを楽しむことも忘れちゃあいかん。

というわけで、本日は「夏の暑さがいかに素晴らしいか」について、誰にも頼まれておりませんが勝手に力説したいと思います。

まず、真夏になると我が家の食費は明らかに減る。というのも、スーパーの「見切り品コーナー」が大盛況になるんだもん。例えば先日は、こんなものを買いました。

ミニトマト大パック　50円

エリンギ10本　60円

カボチャ4分の1　80円

いや〜大収穫！　っていうか他にもいろいろあったんだが、何しろ冷蔵庫がないの

で野放図に買うわけにはいかず、ガマンして吟味に吟味を重ねて後ろ髪を引かれる思いで買って帰ったのがこれであります。
それだけじゃありません。定価で買ったものもリーズナブルなものばかり。
キュウリ1本　35円
ニラ1束　85円
アボカド1個　98円
思うに夏野菜って、水分たっぷりだから日持ちしにくい。なので次々と「処分価格」になっていくんじゃないか。そのうえ畑では実が日々どんどこ大きくなるので連日どんどこ収穫できてしまう。で、売り残さないために定価も安くなる……。
なんてありがたい季節なんだ！
とはいえ農家の方々のことを考えるとあまり安く買うのはよろしくない気もする。と言いつつ根がケチなもので、安いものを見るとつい喜んで買ってしまう。というわけで、なんだかんだと心は千々に乱れるのでありました。
しかしよく考えると、私ほど「見切り品」を買うのに適した人間はいないかもしれない。だって、世の中には新鮮じゃないもの（＝見切り品）を買うことに抵抗がある方もおられるのではないでしょうか。なので見切り品が売れ残っていることも少なくない。となると、あとはゴミ箱行き？　そうなったら本当にもったいない！

しかし幸いなことに、私は見切り品に全く何の抵抗もないのでありました。というのも我が家には冷蔵庫がないので、いわばスーパーの冷蔵庫が我が家の冷蔵庫。となれば、スーパーの冷蔵庫で古くなったものって、家の冷蔵庫で古くなったものと同じです。そう考えれば「あらまあ！　早く使わなくっちゃ！」というだけのこと。実に自然じゃあありませんか。しかもフードロスの削減にもつながる。と考えると、お店や社会のお役に立っているとも言えるんじゃや……。

ということで、今日も堂々と見切り品コーナーをチェックしております。

それから夏の暑さにはもう一つ良いところがありまして、それは食事作りに手間がかからないこと。というのも、暑い日はじっくり炒めたり煮込んだりしたものはあまり食べたくない。生で、あるいは軽く火を通した程度のものが一番美味しいのです。

ところがですね、先日ネットを見ていたら、ナスやらピーマンやらの夏野菜を使っているのはわかるんですが、いろんな調味料やら食材やらを合わせて混ぜたり詰めたり巻いたり焼いたり……やたら凝った料理が早回し動画で紹介されているじゃありませんか。皆さん頑張りすぎ！　暑いんだから無理しちゃいけません。作るのもあっさり、食べるのもあっさり。それこそが美味しい季節なんですから夏は。

というわけで、本日のおかずは見切り品を中心に、早回しなどせずとも1分でできるものばかりであります。

今日の晩酌

干しゴーヤの焼きめし
トマト納豆
不ぞろいキュウリのぬか漬け
自家製ラッキョウの梅酢漬け
燗酒
(天穏無濾過純米)

＊読んで字のごとく、作り方の説明など不要なメニューばかり。しかしあえて説明しますと、ゴーヤをご飯とともに醤油味で焼き、トマトと納豆を混ぜ、キュウリをぬか床から掘り出して、梅酢に漬けておいたラッキョウを取り出す。で、たちまち4品！豪華晩酌の出来上がり。

＊トマトと納豆は相性がいいのです。納豆のタレなど使わずオリーブオイルと胡椒をかけて食べる。アボカドでもいける。夏の超簡単ご馳走の一つ。

旅に出ても大丈夫！ ぬか床保存のコツ、教えます

さて本日は、ぬか漬けの話題です。

冷蔵庫を持っていない私にとって、ぬか床は文字どおりの「生命線」です。というのも、冷蔵庫がなければ原則としてその日に食べるものはその日に買えばいいんだが、一人暮らしなので全部は食べきれないことも少なくない。

で、その場合の保存方法は……

●干すか

●漬けるか

の二つしかありません。

とはいえ、この二つというのがなかなかに完成された組み合わせなのでした。

というのも、野菜も魚も基本的に干せば保存できるのですが、唯一の弱点が「湿気があるとカビる」ということ。なので梅雨が長引くと「余った野菜はベランダのザルへ」というのいつものコースはしばしば途絶えることに。

ですが、なーに、それでも全然困ることはないのです。「余った野菜はぬか床へ」。

それで全然オッケーなんですから。

何しろ夏はぬか漬けの季節。気温が高いのですぐに漬かるし、キュウリやナスなどの夏野菜はぬか漬けにピッタリです。

というわけで、雨の多い今年の夏はやたらとぬか漬けを食べまくることになり、おかげで「快腸」この上なし。例年は猛暑になると胃腸の働きが鈍ってくるのですが、今年はそれもほとんどなく。ぬか漬けの素晴らしさを改めて実感しております。

とはいえですね、「ぬか漬けやってます」と言うと、ほとんどの方が「えらいねー」とおっしゃいます。まして、冷蔵庫がないのにそんなことできるのか、大丈夫なのかと驚かれることが多い。つまりは「ぬか漬けは面倒」、なぜってぬか床は「すぐダメになってしまう」。そう思っている人が多いんですね。私もずっとそう思ってました。

でもね、大丈夫なんです！

考えてみてください。ぬか漬けって冷蔵庫のない時代に完成された保存方法です。なので常温がスタンダード。我が家では流しの下に鎮座していますが、真夏でも1日1回混ぜればどうってことなし。っていうか、ぬか漬けがいちばん美味しいのは、ぬか床の中の菌がもっとも元気に活動する夏なんだから、冷蔵庫に入れるなんてもってのほか。っていうか、冷蔵庫に入れてわざわざ不味いぬか漬けを食べる意味が不明すぎます。ついでに言えば、真夏とて1日くらい混ぜるのを忘れてほったらかしても大丈夫です。つまりはぬか床さま、なかなかに懐が深いのであります。許していただくたびに狭量な我が身を反省することしきりです。

え、なになに？　それはわかったけど旅行に行く時はどうなのかって？

なるほど。確かにそうなると何日も混ぜられない。となると家を留守にするたびにぬか床を廃棄することになるのか？　想像するだけでゾッとします。これはかなりのプレッシャー。ぬか床のために家を空けられないってことにもなりかねません。

でもね、これも大丈夫なんです。

前述したようにぬか漬けは冷蔵庫のない時代に始まった技術ですから、そういう時のための対策も、ちゃんと先人が考えておいてくれたのでした。
①ぬか床に漬かっている野菜を全部取り出す（もちろんそれは食べてね）。
②そこへぬかをたっぷり足して混ぜ、水分の少ない固いぬか床にする。
③表面を平らに整えたら上に塩をびっちりと隙間なく敷き詰め、ぬかと空気が直接触れないようにする。
このスリーステップだけ！

先日（ものすごく暑かった8月下旬）も5日間出張で家を空けたのですが、帰ってきて蓋を開けたら、まだ表面に塩が残っていて超余裕の表情じゃありませんか。「あれ、もう帰ってきたの？」みたいな。まったく心配して損したよ……。

今日のごはん

玄米ご飯／梅干し
尾道のデベラと
キュウリの酢の物
大根おろしのポン酢＆
ごま油かけ
大根葉とワカメと
油麩の味噌汁

＊出張から帰って初のごはんは、お土産にいただいた可愛らしいデベラ（干したヒラメ？）を使った酢の物がメーンとなりました。パッケージにあった「おすすめの食べ方」を参考に、デベラをスリコギで叩いてから（骨を柔らかくするため）こんがり焼いて適当にちぎり、塩もみしたキュウリとあえて酢をかける。うん。これはうまい！　お土産を食べるといつも、思い出と日常が混在して切ない気持ちになります。

＊玄米ご飯には、すりごまをかけるのが定番。本日は黒ごまをかけたのでちょっと目立ってます。

＊前段で説明したように、ぬか床をカラにして出かけたのでぬか漬けはありません。ちょっと寂しいがこれはしょうがない。

密かな流行。ぬか漬けに、オリーブオイルとチーズと黒胡椒

さて今回も「ぬか漬け」のお話。

私は居酒屋へ行くと、メニューにぬか漬けがあれば必ず注文してしまいます。すると、一緒に行った人はたいがい「いいねー」と大賛同。つまりはいくら日本人の食生活が多様化したといっても、ぬか漬けが嫌いという人にはほとんど会ったことがありません。結構クセがあるのにね！　さすがの伝統食。我らがソウルフードと言っても良い存在なのではないでしょうか。

ですが、ぬか漬けと聞いてみなさんが思い浮かべるのは、ご飯のおともに、あるいはヘルシーな酒のつまみとして、シンプルにぽりぽりと食べる……という感じなのではないかと思います。

確かに美味しいし、絶対に飽きないけれど、まあワンパターンというイメージ。ワンパターンを愛する私としては、それはそれで全くいいと思うんです。ですが、それだけで終わってしまうのは実にもったいない！

というのも私、ある大発見をしてしまったのです。冷蔵庫を手放した影響で、余っ

た食材を保存するため否応なくぬか床を常備する暮らしを始めることとなり、そうなってみると、ぬか漬けがいつの間にやら「食材のひとつ」になっておりまして、これが実に具合が良いのです。

どういうことかと言いますと、例えばチャーハンの具に人参を入れたいなと思った時、その肝心の人参がぬか床の中に保存されていたりするわけです。で、仕方なく「ぬか漬け人参」を具にするはめに。そうしたら……あら？　こりゃウマいじゃないの！　具にしっかり味がついていると、全体の味付けはテキトーでもしっかりと味が決まりやすい！　しかもぬか漬けって結構複雑な味なので、ただの塩味じゃない独特の旨味が加わることになり、複雑な調味料など一切使わずとも、なんともオツな味に仕上がるのです。

というわけで、ぬか漬けはそのまま食べるだけじゃなくて、食材のひとつと考えることを強くお勧めいたします！　そうなれば日々の食卓にいろんな形でぬか漬けが登場することになって、腸内細菌を整えるから健康にも美容にもいいし、何よりも毎日食べれば自然にぬか床が混ざるので「ぬか床を腐らせることなくキープしなきゃいけない」というプレッシャーからも自然に解放される！

で、その使い方ですが、一番簡単でオススメなのはサラダの具のひとつにすること。人参やピーマン、キュウリ、セロリなどのぬか漬けを千切りにして、他の生野菜と混ぜてオイルとポン酢をかければ出来上がり。オール生野菜のサラダよりもグッと食べやすく、酒のつまみにもぴったりです。食材庫に残っているゴマやナッツ、レーズンなどを散らすとこれまた洒落た味わい。私、これで「サラダ飲み」っていうのをよくやります。火を使わないので手間いらずでサッサとつまみが出来上がってしまうのも酒飲みには重要なポイント。私は熱燗でいただきますが、ぬか漬けってチーズのような味なので、ビールにもワインにも合いますよ。

で、今日の晩酌の肴はそのサラダの応用編です。

……と言ったものの、冷静に考えると応用ってほどのことでもないか。しかしふと残った食材を見て思いつき、やってみたら大ヒットだったので是非ともお伝えしたくなりました。

今日の晩酌

いろいろぬか漬け（ミニトマト、枝豆、白ウリ）と
チーズのオリーブオイル＆黒胡椒がけ
ジャガイモとインゲンの味噌汁
燗酒（玉櫻　魁《さきがけ》）

＊チーズを使った料理をしようと6Pチーズを買ったのですが全部は使い切れず、残ったチーズを見てふと、これってぬか漬けと合うのでは……と思ってやってみたら大正解！　ポイントは、上から粗挽きの黒胡椒をたっぷり、そしてオリーブオイルをちらりとかけること。これだけで、あの地味なぬか漬けがおしゃれなバルメニューのようなムード！　で、チーズとぬか漬けを一緒にパクリと食べてみてください。気絶レベルに美味しいです。

＊先日、「お客様があった時のパーティーメニュー」というのが雑誌に載っていてふむふむと眺めていたのですが、やはり人様に提供する料理となるとなかなかに手が込んでいて実際に作るとなるとどれもかなり大変そう。で、ふと思ったんですけど、ぬか漬け出しとけばいいんじゃないでしょうか？　いろんな野菜を漬けておけば、切って並べるだけでカラフルで見た目もきれいだし、嫌いな人もいないし、チーズがなくてもオリーブオイルやごま油をかけるだけでグッとご馳走風になります。

こんにゃく、アボカド、タケノコ。ぜ~んぶぬか漬けになります

さて今回も、引き続き（しつこく）ぬか漬けの話題。

ぬか漬けやろうヨ楽しいヨと、以前はぬかをどこで買うかも知らなかったくせに（ちなみに米屋さんはもちろんスーパーでも売ってます。あまりに安くてびっくりしますよ！）今や手のひらを返したようにヌカヌカヌカヌカ言いまくっている私でありますが、やはり世間様はそれほど甘くはありません。私があまりに熱く語るのでみなさま一応「ふーん」と聞いてはくださいますが、心の扉がどこかでシャットダウンされているのがなんとなく伝わってきます。つまりは、ああ絶対にやらないだろうなーと……。

で、その理由の一つが「管理が大変」というイメージなのではないかと。毎日混ぜるなんてとても無理だと。しかーし、決してそんなことはないのです。なのでぬか床さまは多少のサボりは見逃してくださるということを一生懸命お伝えいたしました。さらに、ぬか漬けを食材のひとつと考えると、もっとぬか漬けが身近な日常のものになるのではということも力説させていただきました。

ただ、それだけではまだ実際にみなさまの背中を押すにはどうもパンチ不足な気がするのです。というわけで今回は、別の方向から攻めてみたいと思います。

ぬか漬けをやってみようという人がどうにも広がらない理由の一つは、どんな野菜をつけていいのかがよくわからないということが実は大きいのではないでしょうか。というか、定番の「ナス、キュウリ」の印象が強すぎて、それ以外の食材を漬けるというイメージが持ちにくいということがあるのではないでしょうか。

つまりは一生懸命ぬか床をキープしたところで、出来上がるのは毎度毎度キュウリとナスのぬか漬け……というのでは、さすがにちょっと盛り下がります。手間の割に得るものがどうにも少ない感じ。となると「よし、やってみるか！」というモチベーションとしてはどうにも弱いのではないかと想像いたします。

で、それはあまりにももったいない！

というのも、本当にありとあらゆるものがぬか漬けになるのです。で、素材の味や食感によって、ワンパターンどころか想像もつかないバリエーションの食べ物ができてしまう。単なる塩漬けと違って、あの独特の複雑な酸味とスパイシーな香りが加わって「オオオッ」となる仕上がりが続出なんですホント！

これぞ、菌という生き物が作り出すワンダーランド。どんな名シェフがあれこれと複雑な調味料を組み合わせても作り出せない世界かと思われます。そう、ただ野菜やら何やらを漬け込んでおくだけで、私が寝たり風呂に入ったり本を読んだりしている間に黙々とおかずを作ってくださる菌サマたち。給料くれとも休みくれとも言わない。となれば、1日1回混ぜてあげることくらい喜んでやりますとも！　と言わずにおれましょうか。（と言いつつ時々さぼってますが……）

というわけで、本日は私がお勧めする、ちょっと変わったぬか漬けベスト5をご紹介したいと思います。といってももちろん、これは単なる私の好みでありまして、みなさまがそれぞれに「マイベスト」を見つけていただけたらこれ以上の幸せはありません。

①こんにゃく　これは、もう本当にやってみてほしい!!　っていうか、実際に食べていただかないと味の想像がつかないと思います。そのくらい、まさに「オツ」としか言いようのないお味！　上からネギの小口切りにオリーブオイルをちらりとかけたら、一流料亭ばりの洒落た逸品が出来上がり。刺身こんにゃくなど、アク抜き不要なちょっと上等のこんにゃくを使うのがコツです。普通のこんにゃくでしたら一旦お湯で茹でて、冷めてからぬかに漬け込んでください。

②アボカド　「アボカドの味噌漬け」というのを居酒屋でいただいたことがありまし

て、それがとっても美味しかったので「ぬか漬けでもいけるんじゃ……」と思ってやってみたら本当に美味しかった！　味噌漬けは濃厚で甘い味ですが、ぬか漬けだとあっさりして酸味が加わります。これもオリーブオイルが合う。半分に切って種を取り、皮をむいて漬け込みます。ただし長く漬けておくと溶けてしまうので注意。

③厚揚げ　お豆腐屋さんへ定休日の前日に行ったら「オマケ」でたくさんの厚揚げをいただいたので、保存のためにぬか漬けにしてみたら大ヒットだったのが、この美味しさに目覚めたきっかけでした。ぬか床から取り出したら、こびりついたぬかごとフライパンで（もちろん魚焼きグリルでも）焼いて大根おろしを添えていただきます。大人っぽいチーズのような風味です。焦げたぬかが香ばしくてまた美味しい。ピーマンや青菜、トマトなど残り物の野菜と一緒に炒めても実にイケます。

④ミニトマト　料理上手な友人のお家でご馳走になった時に食べさせていただきまして、以来、私の大定番になりました。ミニトマトといえばなんだかんだ言って彩りとか付け合わせ的な「脇役」になってしまいがちですが、ぬかにつけるというただそれだけで、堂々たる主役に早変わり！　ご飯のお供に、酒の肴にもピッタリなおかずの完成です。

⑤タケノコ　これは季節の贅沢そのものです。掘り出してすぐに茹でたあま〜いタケノコ、絶妙の塩味と酸味の衣をまとって実に繊細なご馳走に。思わず「ウーーーーン」となりました。これも例のオリーブオイル＆黒胡椒がとってもよく合います。

……というわけで今回は少し変わったものを中心にお伝えしましたが、もちろんこの他にももう無限の野菜がぬか漬けで大変身。ピーマン、セロリ、ミョウガなど、ちょっと癖のある野菜はぬかとの相性がとてもいいように思います。枝豆やジャガイモ（いずれも固めに塩茹でし、冷めてから漬ける）はチーズのよう。人参や大根などの固い野菜は歯ごたえも楽しい。エリンギもいけます。

この世界には先人がたくさんおられまして、「これってぬか漬けでいけるかな？」と思ったら、まずはネットで検索するのがオススメです。どんな野菜でも必ず誰かがトライしているのがすごい。貝割れ大根とか、モヤシとか、いろいろやってみたいものがまだまだたくさん。成功、失敗も含めた詳しいレポートは、読むだけでも楽しいものです。

……というわけで、ど、どうでしょうか？　ぬか漬けやってみてもいいかも、と思っていただける方がたとえ一人でもおられることを心から願っております。

いろいろぬか漬け

タケノコ
こんにゃく
アボカド
赤パプリカ

COLUMN

梅を塩で漬けて干すだけ。やってみればきっと何とかなります

この夏、ひょんなことで知り合った和歌山の若き梅農家さんのところへ、梅の収穫のお手伝いに行ってきました。いや楽しかった。収穫ってなんと晴れがましい作業でしょう。とはいえ想像以上の重労働でもあり、手伝いのお礼にと「梅を送りたい人がいたらどうぞ」と言っていただきまして、え、それは超ラッキーと、いろんな知人に声をかけまくったんだが、意外なことに、ほとんどの人に「梅はちょっと……」と断られたのであります。

いや私とて人は選びましたとも。食べることや料理が好きな人にお声がけをさせていただいたつもりです。ところが皆様、ありがたいけれどとても梅干し作りにまで手を出す余裕がないとおっしゃる。

えーっ、なんで？　梅干し作りって、めっちゃ簡単なのに!!

……と力説し、ようやく一人の若き友人（梅干し初体験）に5キロ送りつけたんだが、その後の彼女からの矢のような問い合わせに、思わずうーむと唸ったのでありました。

思えば最初に「ネットで調べれば作り方が出てくるから」と軽く言ったのがよくなかった。というのも、確かに情報はたくさん出ているんだがどれも非常に親切で、容器は何がいいか、カビないためにはどうしたらいい

か、消毒はどうすべきか、塩はどの程度入れるのが正解か……など痒いところに手が届きまくる丁寧っぷり。誠に有難くはあるが、確かに私が初心者だったら、ここまで細かく書かれると、読めば読むほどなんちゅう大変な作業なのかと恐ろしくなってくるにちがいない。さらにサイトによって言っていることが微妙に違う。なので彼女は「どれが正しいの?」と大混乱をきたしていたのでした。

「いやいや適当でいいんだよ!」と言ったもののの。わかります。みんな「適当」っていうのが苦手なんですよね。ちゃんとやりたい、失敗したくないと思っている。

でも保存食作りの素晴らしいところは、ほったらかしとけば何とかなるところなんです。大概のことは時が丸く収めてくれる。それに、そもそもどんな梅を使いどこで保管するかなど条件は皆違うんだから「正しく」やろうと思ったって所詮は無理なんです。

つまり何はともあれやってみるしかない。で、やってみればきっと何とかなります。

特に、梅干し作りにおいてはカビを鬼のように恐れる人が多いですが、なーに、カビたらそこだけ取り除けばよろしい。

で、ご参考までに、私の作り方は以下の通りです。

①完熟梅を洗ってヘタを取る　②梅の重量の20%の塩を混ぜて容器に詰め、重りを載せる……以上です。ね、簡単でしょ?

数日経つと梅から水分がドシドシ出てきて梅が完全に浸かった状態になり、「梅漬け」の完成。このままでもぷくぷくジューシーで、これはこれで美味い。

さらにこれを「梅干し」にしようと思った

ら、梅雨明けの晴れた日にザルで干す。赤い梅干しにしたい場合は、干す前に「赤紫蘇」を買ってきて、アクを抜き。上にパラパラと並べておくと、梅が徐々に赤く染まっていきます。まあこれはやってもやらなくても。梅干し作りのベテランの間でも「やる派」と「やらない派」に分かれます。

ちなみに、梅を干す時にこの赤紫蘇も一緒に干すとパリパリに乾くので、すり鉢ですれば「ゆかり」というオマケも。

さらに梅干し作りには、もう一つの重要なオマケがもれなくついてきます。それは、梅を取り出した後に残る大量の液体。これを「梅酢」と申します。

これが、酸味と塩味がきりりと混ざった素晴らしい万能調味料。クエン酸を豊富に含むので「スーパフード」という人もおりますぞ。

炒めたり煮たりするときは塩代わりにちょろり、おにぎりを握るときは手水代わりに……という具合に、もう何にでもガシガシ使用。私、これを使い始めてから塩も醤油もほとんど減らなくなってしまいました。

でもこの梅酢、なぜかスーパーではほとんどお目にかかりません。梅干しを作った人だけに与えられる特権となっております。

ま、いろいろ書きましたが、細かいことは経験者を探して聞いてみてください（笑）。おばあちゃんの友達ができるかもしれません。おばあちゃんも喜ぶよ。誰もいなければ本でもネットでも。でもその場合はあくまで参考程度にぼんやり眺めること！　軽い気持ちでまずはやってみるべし。テキトーでもなんとかなるってわかるとちょっと生きるのが楽になります。

1 干しているところ。色ムラがすごいが気にしない

2 赤紫蘇でキレイにお化粧中

秋の食卓

渋皮つき、ほんのり赤茶の栗ご飯、玄米だからウマいんです

いつも思うんですが、夏から秋への転換って実に劇的です。なんかね、こうクルっと変わる。例えるならば、昨日までえらくしつこく言い寄ってきて辟易《へきえき》とさせられていたオトコが何の前兆もなくある日突然後ろを向いて「じゃーねー」と去っていくかの如し。あらっ、そ、そうなの?? いやいやいいんだけどね別に……し、しかし一体昨日までのあの情熱はどこへ……などと思ったりするわけです。どうにも釈然としないというか……要するに、寂しい。

そう、秋は寂しいのです。

一方で、美味しいものがわんさか出てくるのも秋。

つまりは寂しいんだか嬉しいんだかよくわかんない。

……ああそうか。それはきっと寛大なる大自然様が、哀れな人間どもに寂しさを少しでも忘れさせようと気を使ってくれてるんじゃないでしょうか。

というわけで、秋の味覚は存分に楽しまなければなりません。

で、秋の美味しいものといえば、何と言ってもコメです。

しかしコメ以外にもいろいろと目移りするものが。とても食べ切れん。っていうか無理に食べきろうとすると太ります。食欲の秋です。なので私は、秋になるとせっせと「炊き込みご飯」を作ります。炊き込みってご飯におかずが入っているから美味しいのはもちろん、実に楽チンです。で、そのおかずを秋の味覚にすれば心も体も大満足。あとは味噌汁とぬか漬けだけでパーフェクトに十分。心に一点の曇りもなし！

で、早速作ったのが……

栗ご飯!!

でもね、栗ご飯って、もう聞いただけで「めんどくせえ……」という方も少なくないのではないでしょうか。

確かに私も子供の頃、母が必死で栗の固い皮をむくのを手伝った記憶があります。爪の中に皮が突き刺さるわ、爪が真っ黒になるわで、楽しみの前には苦行が存在するという人生の教訓が幼心にしっかりと刻まれたのでありました。

さらにこれではまだ終わらない。鬼皮をむいても栗にはまだ「渋皮」というものがピッチリとくっついておりまして、母がその渋皮を包丁で綺麗にむき終わった頃には立派だった栗もなんだかえらくちびっこくなってしまって、ああやはり生きていくことは簡単ではないのだとこれまたシミジミ考えさせられたのであります。

というわけで、栗ご飯は大好きなのですが、社会人になって一人暮らしを始めてからは、まさか自分一人のためにそこまでの労力をかける気には全くならず、そのまま何十年も過ごして参りました。

　ところが数年前、事態は一変したのです。

　当時、皮とか茎とか当たり前に捨てているものが実は結構食べられる、しかも美味しいということに気づき始めておりまして、「これはもしや食べられるんじゃや……」と思いつくと何はともあれネットで検索というのがマイブームとなっておりました。

　で、ある秋の日、スーパーで栗が売られているのを横目で見ながらふと、栗の渋皮も、いやまさかとは思うが、いや絶対無理とは思うが、もしや食べられるんじゃや……と。で、ダメ元で検索したらですね、何と何と、「渋皮つきの栗ご飯」というのが出てきたじゃないですか！　作り方は実に簡単。栗の鬼皮をむいたら、そのまま玄米とともに軽く塩味をつけて炊くだけ。

　ウーソーダーと思うでしょ？　私も思いました。で、恐る恐るやってみたら……。

　う、うまーーーい!!

　まず、蓋を開けたらご飯が綺麗な赤紫色！　これが渋皮に含まれるという、かの健康成分ポリフェノールか？

　そして、とても硬くて食べられないに違いないと思っていた渋皮が……いやいや何とも美味しいじゃないの。味を形容するのが難しいんだが、思ったほど渋くない。いや正確に言うと微かに渋いんだけど、それはアーモンドの薄皮のような渋さなのです。全体にナッツっぽい。で、それが栗の微妙な甘さを逆に引き立てている。さらに玄米の香ばしさが皮の硬さと絶妙にマッチ。

これは白米じゃ多分美味しくない。玄米だからこその栗ご飯です。

いやいや今まで一体なぜこの素晴らしい渋皮を苦労して取り除いていたのやら。

というわけで、以来、私は毎年秋になると必ず一度はこの「赤茶色い栗ご飯」を炊くようになりました。鬼皮をむくのは、専用の皮むき器（スーパーの栗売り場の隣に売っているやつ）。ほぼ一年に一回しか活躍しないけれど、いろいろな台所用品を処分した中でなぜかこれだけは捨てられない。それはきっと、栗ご飯を作るたびに、今は亡き母の思い出がよみがえってくるからかもしれません。苦労して作ってくれた、白いご飯に黄色い栗が宝石のように入った上品な栗ご飯。栗を食べてしまうのがどうにももったいなく、まず米だけをよって食べて最後に茶碗の底にゴロゴロ残った栗を「大人食い」するのが楽しみだったなあ。今から思えば絶対ご飯と一緒に食べたほうが美味しかったのに……バカとケチはなかなか治りません。

きちんとしていた母とは似ても似つかぬ手抜き栗ご飯ですが、それでも季節の恵みを嬉しくありがたく食べようと思う気持ちは同じはず。きっと母は「えみちゃんらしいね」と笑ってくれるんじゃないかな。

今日のごはん

渋皮つき栗ご飯／海苔
キュウリとプチトマトの
ぬか漬け
干しネギと
ワカメの味噌汁

せっせと
むいてます

*炊き込みご飯の時は、他のおかずはもうできるだけシンプルな方がいいと思うのです。だってご飯そのものが大ご馳走ですから。主役は何人もいらない。何人もいると必ずモメます。

*で、栗ご飯には絶対に海苔を合わせたくなるのは私だけでしょうか？　それとも単に海苔好きなだけ？

*今回は入れませんでしたが、栗ご飯に干し椎茸を入れて炊くのもオススメです。

芯もヒゲも炊き込む、秋の絶品！ トウモロコシご飯

引き続き、秋の炊き込み御飯シリーズ第2弾。今回はトウモロコシご飯です。

正確に言えばトウモロコシは夏が旬だと思いますが、9月もまだまだ収穫期。なのでちょっと目先を変えて秋っぽく食べたい。なーんてちょっとカッコつけて言ってみましたが、ナニ大したことはありません。夏のトウモロコシはそのまま茹でてガブリと食べ、秋は秋の主役・お米と炊き込む。ただそれだけであります。

するとですね、美しい黄色いご飯になって枯葉の季節にぴったり！ で、ああ秋なのネとしみじみご飯を噛み締めると、これが……実に甘い!!

寂しい季節だからこそ、甘さの持つ優しさが心から身に沁《し》みます。

こうして今日も独身女の一日が暮れていくのでありました。

で、トウモロコシご飯の作り方ですが、先週の「栗ご飯」よりさらに簡単です。トウモロコシの粒つぶを包丁でこそげ落とし、米と混ぜて炊くだけ。好みで塩味やしょうゆ味をほんのりつけて。

そして「おまじない」として、ご飯を炊く時に、トウモロコシの芯を捨てずに上に

乗っけて炊き上げます。こうするとトウモロコシの甘みと旨みが増すらしいです。いわば芯から「ダシ」が出るんですな。何より捨てるしかないものが利用できるのが、ケチな私としては実に嬉しい。

で、最近気づいたんですが、ご飯が炊けた後、この芯を、丸ごとのトウモロコシを食べる要領で周囲をかじってみると、包丁で取りきれなかった実の一部がいい感じで柔らかくなっていて、ちょっとお得な気分で甘さが楽しめます。まああまりに貧乏くさいと思う方はやらなくていいですけど……。

さらにですね、トウモロコシにつきものの外側の皮がゴミになるのがモッタイナイ気がしまして、細く裂いて適当な長さに切ってフライパン代わりのミニ・ダッチオーブンでカラカラに煎って「お茶」にしてみました。もしやコーン茶になるかなあって……。

うん。ほんのり甘くて香ばしい。でもちょっと味が薄いかなあ。大量に入れて時間をかけて煮出したらもっとおいしいかもしれません。もう少し研究が必要です。あきらめないぞ！

ちなみに「ヒゲ」は、こまかく切って米とともに炊きます。柔らかいので歯にさわることもなく、入っていることにも気づかないのでご安心を。トウモロコシのヒゲは利尿作用が高く、むくみ防止になるので食べない手はありませんぞ！

「ちょっと待て実は宝を捨てている」（アフロ心の一句）

今日のごはん

トウモロコシと
干しダコの炊き込みご飯
塩麹漬け豆腐の
九条ネギ和え
キュウリのぬか漬け
白桃のピクルス
ナメコの味噌汁

炊き込みご飯は
フタを開ける瞬間が
うれしい

＊広島の友人から干しダコが送られてきました！　というわけで、細かく切ってコーンとともに炊き込む。つまりはコーンタコ飯です。う……うまい！　もちろんコーンだけでも、あるいはタコだけでも美味しいですよ。

＊冷蔵庫がないので豆腐はさまざまな漬物にして保存しています。塩麹漬けはあまじょっぱいねっとりとした豆腐になるので、これを白和えの衣のように使う。

＊白桃のピクルスも頂き物です。東銀座の「やまう」という漬物屋さんの一品。収穫前に間引きする桃を使ったものだそうで、捨てられていたものがこうして立派な商品になったのだと思うとおばさんは無条件に嬉しいのだよ。カリカリなのに確かに桃のほんのりとした甘さがあってとっても美味しかったです。

キノコはなんでも干してみよう！ マツタケご飯を超える美味

秋の炊き込みご飯といえば、絶対外せない逸品。それはキノコご飯です。

とはいえですね、野生のキノコなど滅多にお目にかからぬ東京では、キノコといえば年中栽培されている工場製品ばかり。なのでありがたいことに年中安く手に入ります。逆に言えば秋になったからといって大量に出回ったり安くなったりするわけじゃない。でもやはり、あの独特の風味で「秋」を感じたいのが人情というものです。

というわけで、私の必殺技は、まずはキノコを干すこと！

夏のジメジメがようやく去り、カラリと晴れる秋の気候は干し野菜にはベストな季節と言えましょう。つまりはキノコは年中あれど、干しキノコを存分に楽しめるのは秋なのであります。で、干したキノコといえばシイタケが有名ですが、先日もオススメしたエノキのほか、エリンギ、マイタケ、シメジ、果てはナメコだってモノによっては干せるんです。もちろんどれも干し椎茸と同様、水で戻せば炒め物や汁の実など生のキノコと同様に使うことができます。

こうして一旦干しキノコにはまってしまうと、生のキノコが物足りなくなってきてしまうんですよね。それほど味が濃い！　キュッキュッとした食感もいい！

そしてこれを炊き込みご飯にすると、さらにその差が際立ちます。ご飯が淡白なぶん、干したキノコ独特のしっかりした旨味と香りがご飯全体にふわあっと広がって、頭の中に紅葉の景色が広がってくる。「ああ秋だ〜」という気分がマックスに。

……あれ？　これって何かの時の感じに似ているなあ……。

そうだ！　マツタケご飯を食べた時の気分だ！

しかしよく考えると、本物のマツタケご飯など食べたのはもう何年前になるでしょうか？　確かあれは会社員時代に接待の末席を汚した時だったっけ……？　もはや記憶すらハッキリしません。でも私、この間、何の不足も不満もありませんでした。今も、マツタケご飯が食べたいなあなどと思うこともありません。

だってね、私にはこの「干しキノコご飯」があるんですから。もちろん値段はマツタケとは比べ物になりません。でもその満足度には何の遜色もないのです。

母が作っていたシメジご飯は人参や油揚げが入っていました。懐かしい思い出の味。でも私のシメジご飯は、あえてシメジしか入れない。干しシメジの豊かな風味を存分に味わいたいからです。もちろんマイタケでもナメコでもシイタケでも、と一っても美味しいはずです。

今日のごはん

シメジご飯／梅干し
人参のぬか漬け
絹ごし豆腐のピクルス
大根葉の塩もみ
きゃらぶき
干し玉ねぎと
ワカメの味噌汁

シメジ干し中

＊シメジご飯は、米に干しシメジを加え、好みで醤油やお酒を少し入れていつもと同様に炊くだけです。いや……「好みで」と書きましたが醤油は是非とも入れてください。味がどうのこうのというより、醤油を入れると「おこげ」がしっかりできるからです。最近思うんですが、炊き込みご飯の醍醐味って「おこげ」なんじゃないでしょうか？電気炊飯器が主流となった今ではおこげはもはや貴重品です。実は本当のご馳走って、実は寿司でもステーキでもなくて、「おこげ」なんじゃ……と思うほど、おこげを食べる瞬間ほど幸せを感じることはない。

＊豆腐のピクルスは、前回ご紹介した頂き物の美味しいピクルスの液が余ったので、余った豆腐を適当に切って放り込み、ごま油を足して一晩つけておきました。いやー、思いつきでやってみたけど実においしいじゃないの!!

＊にしても、今日の献立は安い！　１５０円レベルです。これでマツタケご飯定食に負けずとも劣らぬ満足度！　と自画自賛して食べる至福よ。

オーブンがなくても大丈夫。練りごまと日本酒で焼きリンゴ

さて本回もさらにしつこく炊き込みご飯……と思いましたが、さすがにクレームが来そうなのでとりあえずはやめておきます。で、秋といえば、ご飯だけじゃない。フルーツの秋。梨やら柿やらリンゴやらミカンやらブドウやら、この時期の果物売り場は本当にニギヤカ。四季のある日本の恵みを痛切に感じる。つまりは「食欲の秋」ってそういうことなんだなと改めて。そう秋は収穫の季節なのです。

なので今回は、いつもの食卓から少し離れて「デザート編」です。

いやー、デザート作り……。

地味メシ派の私にはかなり無縁の世界。いやね、食べるんですよデザート。でも自分でデザート作りってあーた、オーブンも電子レンジもない、カセットコンロ1個の暮らしでそんなことできるわけない！

でもね、実はたまーにやるんです。もちろん凝ったことはしません。っていうかできません。っていうか改めて考えるとこれをデザート作りと呼んでいいのかどうか……（汗）。ただ果物を食べる時、そのまま食べるのが少ししんどい時があるのです。

ふだん冷たいものを食べていないので（なんせ冷蔵庫がない）、リンゴを一個食べるとお腹が冷えて元気がなくなったりする。というわけで、デザート作りというよりも、ただ生の果物を加熱するだけに近い。でもですね、これがバカにならない美味しさなんです。

まずは焼きリンゴ。これは子供の頃に母が作ってくれた数少ないお菓子の一つです。高度成長時代に次々と新しい道具を手に入れた我が家では、私が小学生の時、ガスオーブンレンジなるものが登場。当時、オーブンといえばお菓子作り！ 我が家で手作りのお菓子が焼けるなんて！ それは絵本で読んだ西洋の童話の世界そのものでした。で、母が本を見ながら一生懸命作ったのがこれでした。リンゴの芯をくりぬいて、その穴にバターをたっぷりとブランデーと砂糖を詰め込んでオーブンで焼く。これがもう、作っているそばからなんとも言えないあま〜い香りがして、いよいよオーブンから取り出した熱々のとろけるリンゴを崩しながら食べる時の幸せよ。残ったら冷たく冷やして食べても。またこれが美味しいんですよね。

しかし、現在の我が家にはオーブンもありません。さらに砂糖もバターもない。なので、あるもので工夫してみたのです。

オーブン代わりに、愛用の小さなストウブ鍋を使います。しかし鍋が小さすぎて丸ごとのリンゴが入らない……。なので半分にカットしました。中央の芯のところをスプーンでほじくり出して丸く穴を開け、そこに練りごまとレーズンを詰めます。で、少量の日本酒を垂らして蓋を閉じ、カセットコンロにかけて弱火でじっくりと火を入れる。つまりはバターの代わりに練りごま、砂糖の代わりにレーズン、ブランデーの代わりに日本酒を使ったというわけ。

いやー……大成功!! 練りごまが実にコクがあって、めちゃくちゃいい仕事してるじゃないか! バターを超えたかもしれない。いやしかし、必要は発明の母というか、何事もやればできますね。ものを減らすと自分の中の想像力がムクムクと湧き上がってくるのかもしれません。

で、気を良くしてさらにもう一品。干し柿です。

いやね、私は柿が大大大好きでして、特に二日酔いの日などは丸ごとガリガリかじってスッキリしているのですが、やはりこれも食べすぎるとお腹が冷える。

というわけで、これも火を通します。ただし今度はオーブンでなく、太陽に火を通していただく。

え、干し柿なんて売ってるじゃんって?

わざわざ作る意味がわからんと?

はいはい。そう言われると思っていました。でもねー、これが全く違うんです。

何が違うって、売っている干し柿ももちろん美味しい。でもね、あれは売り物です。つまりは品質が一定じゃなきゃいけません。つまりは「完璧に干した柿」なんだな。ところが自分で作ると、あらゆる状態の干し柿を食べることができるのです。つまりはステーキでいえば、あえてさっと火を通しただけの「レア」も食べられる、中間の「ミディアム」も、しっかり火入れした「ウェルダン」も食べられる。

で、あーた、レアの干し柿って食べたことありますか？

いや絶対ないに違いありません。だって売ってないもんね。で、もうこれがトロットロ！　黒糖に少しブランデーの香りが加わったような、なんとも言えぬ濃厚で大人っぽい甘さ！

いや私、これほどに完璧なデザートというものは実際のところ他に食べたことがありません。こういうのって、どんな名パティシエでも作り出すことはなかなかに難しいのではないでしょうか？　まさに自然の作り出す芸術です。

作り方は実に簡単。干し柿用の柿を買ってきて皮をむき、ヘタについた枝を利用してヒモに一定の間隔で柿を結び、消毒のためヒモに結わえた状態で一度ドボンと熱湯にくぐらせて、あとは物干し竿などに吊るしておくだけ。

ネットなどで検索するといろいろなやり方が出てきますので、自分に合ったやり方で一度ぜひお試しを。

今日のおやつ

焼きリンゴ
（写真は焼く前）

ワンプレートに秋の彩りを盛る。主役は紫キャベツのリゾット

突然ですが、みなさま器はお好きでしょうか？
料理に多少なりとも関心がある方なら、きっと器にも大いに関心がおありだろうと想像します。私も器は大好き。会社員時代は、旅行先や仕事帰りに立ち寄った雑貨店で素敵な器を見かけるとついつい購入。簡単に壊れるもんじゃないから、その数は増えゆく一方でありました。

もちろんそれはそれで楽しかったんですけど、次第に器置き場のスペースがすごいことになってきた。

転勤で引っ越すたびに、何はともあれ収納が沢山ある台所が絶対条件になってきました。当然家賃も上がる。今にして思えば食器のために少なからぬ家賃を払ってきた気がします。ところが会社を辞めて家賃圧縮の必要に迫られ、当然そんなことは言っていられなくなりました。ようやく見つけた新居の台所は社会人になって初めて住んだ家レベルの小ささ！　結果、私の「器ライフ」は根本から大転換せざるをえないことに。つまり、これまでは自分の食器の量に見合った家に住んできたのが、家のサイ

ズに見合った食器しか持ち込めないという新局面に突入したのです。

さあ徹底的な食器のリストラ開始です。結局、祖父の代から受け継いだ古い器以外は、毎日使う最低限の食器だけを残し、あとは人様に差し上げることに。つまりは献立だけじゃなくて、器も「毎日同じでいーじゃねーか」と開き直らざるをえなくなったのです。

はい。今では毎日、ほぼ同じ食器を使用しております。

特に昼は、たいがい「ワンプレート」。いつもの丸い大皿に、ご飯と漬物、おかずを盛り合わせる。「今日はどの器を使おうかナ」などと迷う余地は一切なし。実に楽チンではあるのですが、料理は「目で食べる」とも言われます。つまりは器も美味しさを演出する大事な要素であるというのが常識。なので「毎日同じ食器なんて、つまらなくない？」と心配されることも少なくありません。

というわけで改めて私、我が胸に手を当てて考えてみました。これってつまらないのか？　私はガマンして「一皿ライフ」を送っているのか？

で、案外すぐに結論は出たのです。私、一皿で十分です！　っていうか、むしろ一皿だからこそ見栄えの良い（自称）ご飯を食べている気がしてきました。

というのもですね、一皿に全てを盛り付けていくって、まさに「お絵描き」。自然に全体の色や形のバランスを考えざるをえない。

なので、今や私は色から逆算して何を食べるかを決めているのです。地味な食事をしているとどうしても茶色いものばかりになりがちなんですが、ワンプレートだと器に頼れないので、どこかに赤とか緑とか白とかを配分したくなる。そこから「今日のぬか漬けは人参にするか」「豆腐でも食べるか」とか考えているわけです。

そうなんだよ。だから献立を考えるのが楽なんだ！　ただただ「赤→人参、トマト、梅干し」「緑→青菜、さや豆、キュウリ」「白→豆腐、大根、白菜」などと考えている。で、「青菜茹でよう」「豆腐屋行くか」と決めるだけ。ぬか漬けなら取り出すだけ！

つまりはですね、器を減らしたからこそ、食卓が美しくなり（自称）、料理も楽になったのです。

いやー、全くいいことづくめ！　となればやはり、これ以上器を増やしたいなどという欲は全く生まれてこないのでありました。

ってことはですね……私は死ぬまでこの丸い皿とともに生きて行くことになるのかもしれないじゃないですか。そう思うと厳粛な気持ちになります。これからもどうぞ宜しくお願い致します。

秋の食卓その1

干しダコと玉ねぎの炊き込みご飯
梅干し
レンコン炒め／紫キャベツの塩もみ
大根のぬか漬け／キャラブキ
ワカメと干しエノキと麩の味噌汁

秋の食卓その2

紫キャベツと玉ねぎのリゾット
梅干し／奈良漬け
アボカドと大根のぬか漬け
干しエノキとニラの味噌汁

＊ワンプレートのいいところは、まるで洋服を着替えるように食卓の彩を変えることができるところ。なので秋は秋っぽく、シックな色合いにしてみました！　イメージはツイードのジャケットとセーターってとこでしょうか。

＊季節の食材を使うとその季節っぽい色になる気がします。根菜やキノコを使うと自然に秋っぽい色合いになる。レンコンは油で炒めてしょうゆ味をつけただけですが、なかなかの渋い味出してます。

＊しかし今回のポイントは何と言っても紫キャベツ。いや本当に、何て美しいシックな色合いなんでしょう！　っていうか、安くて丸ごと一個買ったのでせっせと使い回しただけなんですけどね。でもいいの。結果オーライ。毎日の食卓なんてこんなもんです。

野菜の甘味でがんもどきを煮て、ささっと二品完成

今年の東京の秋は本当に雨ばっかり。冷蔵庫なしの干し物ライフで太陽のありがたさは誰より身に沁みているつもりでしたが、まだまだ沁み方が足りなかった。野菜どころか洗濯物も干せやしないとなると人生に支障が生じます。太陽カムバーック‼太陽が出ないと何も干せないだけじゃありません。この時期の雨って、本当に冷たい。慌てて分厚い靴下やら湯たんぽやらを取り出しております。

でも悪いことばかりじゃありません。肌寒い季節になると、なんだか甘い食べ物が恋しくなる。それを口にするのがなんとも幸せなんですよね。

一方で､甘いものは体を冷やすという。なのに寒くなると甘いものが食べたくなる。これは一体どうしたことか？

だって夏はアイスクリームやかき氷は別として、甘い食べ物ってあんまり食べる気になりません。むしろ酸っぱいものや辛いものが食べたい。味噌汁も辛い八丁味噌が断然美味しいのです。汗で塩分が失われるからでしょうか。

一方、秋も深まってくると俄然、甘めの麦味噌や白味噌が恋しくなってくる。私の

愛する日本酒も、寒い地方のお酒は概して甘いんですよね。

甘いってことは、気持ちも体もホッとさせるせいかもしれません。寒さでコチコチになった体と心が、甘いものを口にするとやんわり緩んでくる。それは寒いからこその素晴らしい楽しみです。

というわけで、本日は大好きながんもどきを甘く煮てみました。

夏のがんもはコンガリと焼いて大根おろしをたっぷりとかけて醤油やポン酢味で食べたいのですが、寒くなってくると煮物にしたくなる。で、私にとってがんもの煮物といえば、高野山の宿坊の朝食です。なぜかどの宿坊に行っても朝は必ずこれが出てきて、イヤこれがなんとも……。ああ思い出しただけでお腹がグウと鳴る。ほんのり甘い味がジュワーっとしみたふわふわのがんもは起き抜けの体に実に優しく、そして気づけばお腹も心もしっかり満足している。いつの間にやら「今日も頑張るぞ」という気持ちになっている。そんな究極の一品なのです。

で、これを目指してがんもを煮る。

でもね、基本「塩・醤油・味噌」しかない我が台所にはみりんも砂糖もありません。それでどうやって甘い煮物を作るのか？

いやね、これが全然大丈夫なんです。

何も世の中には砂糖とみりんしか「甘いもの」がないわけじゃありません。果物はもちろん、野菜だって甘いものはたくさんある。サツマイモやカボチャは言うまでもないですが、それだけじゃないんですよ。甘い野菜の代表格は大根とネギです。生だと辛味や苦味が際立つ野菜ですが、じっくり火を入れるとあら不思議、そんな気難しさはどこかへ飛んで行ってしまい、何とも優しい甘さが際立ってくるのです。

というわけで、本日は玉ねぎの力を借りて、がんもの甘煮。まずは玉ねぎを薄く切ってじっくり炒めます。しんなりしてカサが減ったところで水を足し、醤油で好みの味付けにして、そこにがんもを入れてコトコト煮る。今回は人参の干したものが余っていたのでこれも入れてみました。人参も甘いんですよね！　それが証拠に、馬の大好物は人参とリンゴ。つまりは両方とも同じくらい甘いのであります。

で、たったこれだけでがんもの甘煮が完成！

幸せついでにふと思いつき、丸いがんもを丸いお皿に盛り、味付けに使った玉ねぎと人参は別の小鉢に盛り付けてみました。

なんとこれで、一気に立派な二品が完成じゃないか！（笑）

なるほど、「工夫」と「ゴマカシ」ってほとんど同義語だったんだな。つまりは、ゴマカシも「工夫」と言い換えてしまえば何の後ろ暗いことがあるものか。

ネーミングって大事ですね。

今日のごはん

玄米ご飯／梅干し
がんもの甘煮、柚子胡椒乗せ
玉ねぎと人参の煮物
いんげんの醤油炒め
わかめと麩の味噌汁

＊どこまでも優しい甘さのがんもの煮物に、ふと思いついてピリリと塩辛い柚子胡椒をのっけてみたら……こ、これは……実にウマイじゃないか！　もう料亭の味といっても過言じゃない（はず）。こういう瞬間「私って天才？」と思ったりするんですが（笑）、食べるのが自分しかいないので、心の中で思うだけで終わる。つまらん。でも否定もされないからよしとする。

＊で、こうして玉ねぎと人参の煮物を改めて「一品」として食べてみると……いや本当に甘い甘い。目をつぶって食べたらケーキかと思うほどの甘さです。で、改めて考えてみれば、体を冷やすのは砂糖なんですよね。自然な甘さは体に優しい。家庭料理で砂糖を使わないというのは、備蓄する調味料が減るだけじゃなく、自然の摂理にもかなっている気がします。

ダッチオーブンで作るわが家の「機内食」。今日は銀杏ご飯だ！

いやね、私はもう銀杏に目がなくて、あのクッサイ香りがなんとも好きでして、この季節に八百屋で殻付きの銀杏を見かけると購入せずにはいられないのです。一番好きなのは、何といっても殻ごと炒って熱々のところを塩をつける食べ方。子供の頃は、銀杏といえば母の茶碗蒸しに入っている缶詰のやつしか知らなかったので、社会人になって会社近くのそば屋で煎りたての銀杏をホクホク食べた時の感激といったらありませんでした。で、それは家でもフライパンさえあれば誰でもできるのです。フライパンに殻ごと銀杏を投入し、蓋をして中火。これだけ！

しばらくたつと、ポップコーンを作る時のようにポンポンと威勢の良い音がしてきます。音がやんだところで火を止め、あとは食卓でゆるりとお酒を飲みながら、殻をむいて塩をチョンチョンとつけて食べる。口に入れてグッと噛んだ時のプワアと広がる香りがたまりません。こんな夜があれば、人生まあまあ幸せなのでありました。

で、そうやってリスのごとく銀杏を堪能していたんですが、一人暮らしですのでなかなか一袋の銀杏がなくならないんですね。なので「銀杏ご飯」にしてみました。

焼いた銀杏を、おひつに保存していた冷やご飯と混ぜ、ひとつまみの塩をパラリ。これを愛用のミニ・ダッチオーブンで温めるのですが、このダッチオーブンはそもそもが魚焼きグリルに入れて使うためのものなので、平たくて大きめのお弁当箱のような形。そうだ、残りのスペースに他のものも一緒に調理しちゃおう。ぬか漬けの厚揚げとピーマンの葉っぱを混ぜて上からごま油をたらりとかけたものと、紫キャベツの塩もみも詰めて、蓋をして弱めの中火。鍋からじゅうじゅうおいしそうな音がしてきました。で、蓋をオープン。わあ～。

厚揚げも野菜も、いい具合にふっくら火が通っております。そして何と言っても銀杏ご飯！　鉄鍋にくっついた部分がカリッと香ばしい軽～いおこげになってる。それが香ばしい銀杏と一体化。アツアツをふうふう食べるのがたまりません。で、このダッチオーブンご飯。どこかで見たような食べたような覚えがある。そうだ、これは「機内食」じゃないですか。機内食って、密閉したアルミの容器にご飯とおかずを詰めて、それを容器ごとあったためて出てきますよね。我が家の容器は鉄ですが、原理は一緒。実際の機内食は味が濃かったり人参が茹ですぎでフニャフニャだったりするけれど、それでもあのほっかほか感はなかなか幸せなものがあります。あったためるってことは、少々の欠点を凌駕《りょうが》するパワーがあるんだよね。アツアツを食べられるって最高の贅沢です。で、これは家で作るごはんの特権でもあります。

今日のごはん

銀杏ご飯
ぬか漬け厚揚げとピーマン炒め
紫キャベツの塩もみ
ワカサギの佃煮
干しエノキとワカメの味噌汁

＊ピーマンはこの夏、ベランダ菜園で育てていたものです。何度か収穫を繰り返した後、秋の最後に力を振り絞ってなんとか産み落とされた小さな実を、葉っぱとともに収穫して食べきりました。実はピーマンの葉って、柔らかくてほんのり甘いピーマン風味で、めちゃくちゃおいしいんです。最近は内心、葉っぱ目当てです。

＊ワカサギの佃煮は、行きつけの銭湯の若奥様からの頂き物。北海道産で「ご飯が止まらないですよ～」と言われて食べてみたらまさにその通り。誰かが心から美味しいと思ったものを食べさせていただくって、それだけで無類のご馳走です。

手前味噌づくり。おからを使って超お手軽に

念のためあらかじめ申し上げておきますが、私、「味噌名人」でもなんでもございません。なので名人の方々、どうぞ怒らないでね。でも実際、こんな私程度でもそれなりにちょいちょいと作れちゃう。そう実感していただければと、恥を忍んで我が味噌作り体験記をお送りさせていただきます。

本来の味噌作りは、潰した煮大豆を塩と麹と混ぜるのですが(P202)、今回初めて「おから味噌」に挑戦してみました!

おから味噌……なんだそれ?

はい、当然の疑問です。私も最近、初めてその存在を知りました。味噌作りの方法をいろいろと検索していて偶然、とある味噌屋さんのホームページで発見。なになに? 大豆を煮て潰す代わりに「おからと豆乳を混ぜたもの」を使うと……。なるほど! 確かに、大豆を茹でて豆乳を絞り出した後に残ったのがおからですから、これを再び混ぜれば、理屈としては茹でてすり潰した大豆と一緒です! いやこれは実に画期的!

だって「大豆を煮て潰す」工程がいらないのです。

味噌作り経験者はおわかりかと思いますが、この作業がホーント大変なのよ。

昼間の仕事を終えて夜中に一人、長時間か

けてコトコト煮た大豆を熱いうちにすりこぎで必死に潰しまくっていると（冷えると固くなって潰れにくくなる）、大豆がツルツルコロコロ逃げて、まーイライラするったら。

フードプロセッサーを使えば簡単なんですが、それはそれで、よほど大型のフープロじゃないと何度かに分けてガーガーと回さなきゃいけなくて、途中で過熱気味になって休ませなきゃならなくなったりして。

そんなこんなで、いずれにしても、「一体私は何をしているのか」とフト我に返ることになる。これはこれで楽しいと言えないこともないんだが、おからを使えばなんと、この時間と手間がゼロですぞ！

となれば、ある日ふと思いついて「ちょっくら味噌でも作ってみようかな？」ってな感じで、いつでもとりかかることができます。

なにしろ大豆から作るとなると、豆の浸水時間も含めて最低でも2日がかりですからね。どうしたって事前に計画を立てなきゃいけません。それが、おから味噌なら全工程1時間もあれば仕込み完了です。

あともう一つの長所は、「おから」という、現代においては廃棄物扱いとなっているものが立派に利用できるところです。

値段は店によりますが、ほとんど無料レベル。そのうえ、ゴミを減らして資源を生かすという社会貢献までできるんですから、これ以上の「おトク」があるでしょうか？　さらに、お豆腐屋さんにも喜ばれます。先日馴染みの豆腐屋さんに「あのー、おからが欲しいんですけど……」と相談した時の、80歳のおとーさんのニンマリした笑顔といったら。きっとこれまでずうっと、誰も買わないからと日々悲しい思いでおからを処分していたに違いない。なのでおからを買うというただそれだけで、豆腐屋という友達がもれなくついてきたりします。

で、いよいよ作り方。

①麹（1・5キロ）をパラパラに崩しながら塩（250グラム）をよく混ぜる。

②おから（500グラム）と豆乳（300cc）をよく混ぜる。

③①と②をよく混ぜる。

以上です！　ね、簡単でしょ？

仕込みというより、ほぼ泥んこ遊びに近い。で、それを好きな容器にギュウギュウ詰めて上面をビニールなどでぴっちり覆い、空気が触れないようにします。上に漬物石などの「おもり」を乗せると万全ですが、我が家にはいまどきの一般的なお宅と同様「おもり」などないので、ビニール袋に塩を詰め、おもり代わりにのっけました。これだと袋の形が自由自在に変わるので、固形のおもりよりも「ぴっちり」表面を覆うことができる！　塩は役目を終えれば再利用できますしね。

で、仕込み終わったのを見たら……いやー、もう真っ白！　とても味噌とは思えませんが、徐々に色づいてくるはずです。……と思っていたんだが、いつまでたっても茶色くならない。夏を越し、ようやくうすーい茶色になってきた気がし始めたところで、我慢できずに食べてみました。

うん。普通にうまい！　ちゃんと味噌だ！水分多めで味もあっさりめですが、味噌汁にはもちろん、野菜と和えたりするのに実に良いあんばい。あの捨てられるおからがこんなに立派になって……母は嬉しいぞよ。

1

2

3

4

1
麹と塩をぱらぱらにしながらよく混ぜる。

2
おからと豆乳を用意する。

3
両方をよく混ぜる。

4
1と3をさらに混ぜ、小さく丸めながら瓶にぎゅうぎゅう詰める。

5
放置しておくだけで、やや薄いが味噌の色に。

5

冬の食卓

一人鍋はわびしくない！　稲垣流すき焼きはダッチオーブンで

ようやく秋晴れになったので山登りに行こうと宿を予約したら、なんと目当ての山はもう冬山で登山期間を終えていることが判明……ナンテコッタイ。もう冬がすぐそこまで来ちゃってます！

でもまあ、冬には冬の楽しみがありますからね。その一つが、鍋！　好きな材料を入れて、ぐつぐつ煮て、食べる。これぞ「レシピ本なんていらない」料理の代表格ではないでしょうか。好きな肉やら魚やら野菜やら豆腐やらなんでも入れて、しょうゆ味やら味噌味やらキムチ味やら適当に好きな味をつければいいのです。

そう考えると、鍋ほど素晴らしい料理ってそうそうない気がします。

作り方といえば材料をザクザク切るだけ。これならまさに誰が作ろうが準備は10分。子供だって作れます。で、各自好きなものを取って食べられるからみんなが満足。飽きることもない。わざわざ買い物に行かなくても冷蔵庫の残りで十分できちゃったりしますしね。いやもうね、寒い時期は毎日鍋でいいんじゃないでしょうか？

そして、鍋ほど一人で食べるのに適した料理はないというのが私の実感です。世間では「一人で鍋なんてワビシイ」などとおっしゃる方もいますけど、いやいや全然わびしくなんかないですよ。だって目の前の食卓でグツグツと材料が煮えて湯気が出てるって、見てるだけで幸せで楽しいじゃないですか。一人の侘しさなんて瞬時に吹っ飛びます。むしろ侘しさを感じたら鍋！　っていうか鍋さえあれば一人でも強く生きていける……と、実際に一人で鍋ばかり食べている体験者が言うんだから間違いない。

あ、微妙に話が逸《そ》れましたが本題はここから。

鍋が美味しい大きな理由の一つは、実は「鍋」そのものによるところが大きいのではないかと思う今日この頃。鍋料理といえば、土鍋です。じんわりゆっくり火が通る。いったん温まると保温性が高い。ただただ材料を放り込んでいくだけで美味しくなるのはそのおかげなんじゃなかろうか。つまりは、鍋料理のメーンシェフは鍋そのものなわけです。その実力があまりにも高いので、サブシェフの人間が頑張らなくてもちゃんと美味しく出来上がる。

で、ふと考えてみたら私の料理、今やすべてがその境地に達しているじゃないの。炒め物も、煮物も、全部鍋にお任せなのです。

例えばヒジキの煮物を作るとしよう。水で戻したヒジキとベランダの干し野菜を鍋に入れて、ごま油と醤油と少量の水をたらりとたらし、蓋をして火にかける。ジュージューいってしばらくしたらもうだいたい出来上がりです。

例えば大根と油揚げの煮物を作るとしよう。鍋に大根と油揚げと水と醤油を入れて蓋をして沸騰させ、しばらくしたら火を止める。鍋を毛布などで包んで保温しておけば、これも数時間後にはだいたい出来上がっております。

つまりはですね、これまでずっと「最初に弱火で炒める」「それから水を足して」「調味料を入れて」など、レシピ通りにきちんと段階を踏んで料理をしていたんですが、もう最初から材料も調味料も全部入れちゃって蓋をして火にかければ大概なんとかなっちまうんですよ驚いたことに。そうと気づいたら、いやーもう料理がラクでラクで！で、それもこれも「お鍋様」のおかげです。

私の愛用の鍋は、ストウブの小型鍋と、南部鉄器の小型ダッチオーブンです。いずれも蓋が重くて密閉性があり、その重い蓋をして火にかけると、材料そのものが持つ水分がうまく鍋の中で循環するのか、いつの間にか全てが丸く収まっているのでありました。「道具は良いものを」ってよく聞きますが、なるほどそれはこういうことだったのかと。つまりは道具って相棒なんだな。私は腕っこきの相棒に助けられながら暮らしているのです。

でね、「道具に頼る」というと、昨今はたいがい、便利で高機能な家電製品が話題になります。究極のトーストが焼けるトースターとか。いわゆるプレミアム家電。もちろんそれもいいと思うんですが、家電製品ってマンツーマンディフェンスなんですよね。トースト焼くためだけに少なからぬ空間を取られ、掃除もけっこう複雑で、そして何と言っても、便利で高機能なものほど案外早く陳腐化するんじゃないでしょうか。まず、自分自身が飽きてくる。一週間くらいは「わあ〜このトースト最高だあ」と感動するけど、いつもいつも変わらぬ完璧なトーストを食べ続けていると慣れてきて、次第にそれが当たり前になって喜びが薄れてきます。さらには、買った次の日からどんどん新しい「画期的な新製品」が出てきちゃうんだよね。そうなると心はどうしたってそっちに持って行かれる。こうして、せっかく手に入れた満足は案外と早く不満へと転化するのです。

でもね、シンプルな道具だとそういう心配がない。それは、道具を使う自分が主役だから。私はこのダッチオーブンでトーストも焼くんですが、で、これが本当にサイコーなんだが、火加減や焼き具合は自分でいくらでも調整できる。でもそれだけに出来上がりはいつも同じとはいきません。時々失敗もしながら少しずつ進化する。だから飽きない。人間ってなんだかんだ言って工夫することが好きな生き物なんだと実感します。その楽しさは決して陳腐化しないのであります。

今日のごはん

ミニトマト入り
精進すき焼き
玄米ご飯／海苔

＊今日の鍋はすき焼きです。例のダッチオーブンで玉ねぎをじっくり炒めて甘みを出し、そこに水で戻した麩とベランダの干し椎茸と醤油を足して、ミニトマトと豆腐を入れて蓋をしてしばらく煮る。この日は頂き物の甘酒があったので、それも入れてみました。砂糖を入れるよりずっと優しい味に。でも入れなくても十分ウマイ。

＊トマトは寒い時期に生で食べると体が冷えますが、こうして加熱すると出汁代わりにもなるし、何と言っても火傷しそうに煮崩れたプチトマトは生とはまたちがう美味しさ。しょうゆ味の具と混ぜて、汁ごとスプーンですくって玄米ご飯に乗っけて食べる！いや～本当に幸せな瞬間です。

ぽっかぽかにあったまる、わが家のさつま汁は、サツマイモ入り

先日仕事で新潟へ行ってきましたら、新幹線で東京を出てしばらくは抜けるような青空だったのが、しばらくしてトンネルを抜けるといきなりの曇天と雪！「トンネルを抜けると雪国だった」というのは文学的名言と思っていましたが、実はクールすぎる事実のレポートだったのでありました。東京ばかりにいると見えないものがたくさんあるなあ。日本は広く、陰影に満ちています。

で、何が言いたいのかというと……

いよいよ冬がやってまいりました！

この季節になると、稲垣家（一人暮らしですが）の食卓は連日「鍋」であります。簡単だし、美味しいし、温まるし、寒い季節にこれ以上の料理はありません……と理屈を並べてみましたが、よくよく考えると、要するに日々の「飯・汁・漬物」という食卓のうち「汁」がデカくなっただけなんじゃ……。

まあつまりは、冷徹に言えば、単なる「具沢山の大型味噌汁」を連日食べているわけですな。

でもね、何度も書きますが、物事はネーミングが大切です。

「味噌汁」と言ってしまうと季節感もスペシャル感もないけれど、「鍋」と名づければあら不思議、ただそれだけで、たちまち冬のご馳走というムードが満ち満ちてくるじゃないですか。これを、日によっては「スープ」と言い換えるワザは既にご紹介しましたっけ。スープの日は、締めのうどんの代わりにパンでも添えましょう。もう誰にも文句を言わせぬオシャレな西洋風食卓の出来上がりです。

え、なになに？　そんなのゴマカシじゃないかって？

はいそうですとも。

でも「ゴマカされた！」とネガティブに受け止めるかどうかは自分次第です。楽しく食べることさえできりゃいいわけで、つまりは気持ち良くゴマかされたもん勝ちではないでしょうか。それでも納得のいかないあなた。鍋や器を変えるという手もありまっせ。普通の味噌汁も、土鍋で作れば「ザ・鍋」にしか見えなかったりします。そしてスープ皿に移せば「ザ・スープ」にしか見えなかったりする。スプーンを添えればもう完璧。

これをすなわち発想の転換と言います。自分で自分を騙すってなかなか面白いよ。

クリエイティブ魂炸裂！

……と、長々と言い訳をしましたが、つまりはこうして来る日も来る日も喜んで鍋を食べて生きておりまして、そんな私が最近凝っている具材が、サツマイモ！

というのも今年、なぜか友人からサツマイモをいただくことが重なり、連日せっせと焼き芋にしておやつに食べていたんですが、それだけではなかなかなくならず、そうだ、ご飯のおかずにしてみようと。

とはいえサツマイモ料理ってどうもご飯に合いにくいんだよね。甘煮とかレモン煮とかは、酒のアテにはありでしょうがご飯にはどうもね。イモの天ぷらという手はありますが、家で天ぷらなど滅多に作らぬ私にはかなりハードルが高い。

で、そうだ、味噌汁の具にすればいいじゃないかと。

いやー、これが……う、うまい!!

サツマイモがご飯に合いにくいのは、つまりは「甘すぎる」からです。それが味噌のねっとりとした甘しょっぱさに囲まれると、たちまち何とも落ち着いたシックな甘味に！　そして、オススメの具の組み合わせはなんといっても長ネギ。とろりと甘いネギにサツマイモのほこほこした甘さ、味噌の濃厚な甘じょっぱさが相まって……。

わぁ～、冬野菜の宝石箱や～

という感じです。

ちなみに今回これを書くにあたりちょいと調べると、サツマイモは収穫してすぐ食べるよりも、しばらく保管して水分が適度に飛んでから食べた方が美味しいそうです。だから秋に収穫したイモは、慌てて食べなくとも冬じゅうじっくりゆっくり楽しめる。で、ここがポイントなんですが、保管するといっても冷蔵庫に入れるのは厳禁。暖かいところで採れる野菜なので、かえって傷んでしまうのだとか。そういえば仲良しの八百屋さんが「サツマイモは風邪をひきやすいからね〜」と言っていたっけ。

というわけで、サツマイモは冷蔵庫のない私にあまりにもピッタリの野菜だったのでした。しかも、ビタミンも植物繊維も豊富な美容野菜の代表格でもありますよ。ウッシッシ。なので本日もせっせとサツマイモ入りの汁（鍋あるいはスープともいう）を食べるのでした。

今日の晩酌

サツマイモ入りさつま汁

燗酒

（清酒竹鶴 純米酒八反65％）

＊具はサツマイモと長ネギのほか、大根、人参、油揚げ、干しエノキ、生姜。つまりは適当に余った根菜をどんどん放り込んでぐつぐつ煮て、酒粕と味噌で仕上げただけ。だけどこれがホントにうまい！　うますぎる！　で、めちゃくちゃあったまる！　暖房のない部屋で、柔らかく煮えた根菜をハフハフしながら食べるそばから体がホカホカしてきて汗まで出てきます。ああこんなに簡単なのに！　味つけも全くテキトーなのに！　日本に生まれてよかった！　なんなら毎日これでいいよ！　そして、具も、汁も、すべてが酒のアテになります。熱い具に熱い酒。風邪なんてひいている暇なし。

＊で、サツマイモの入った汁なので勝手に「さつま汁」と名付けてみましたが、実は、本場鹿児島の「さつま汁」は、サツマイモとは直接関係がないようです。ポイントはイモではなくて、鶏を骨ごとぶつ切りにして根菜とともに煮ること。昔、闘鶏で負けた鶏をその場でバラして料理したのがルーツだとか。確かにそれはあったまるしスタミナもつきそうだ。しかし我が家のさつま汁も負けてないぜ。

なんと大人っぽい味。冬野菜の激安御三家で作る「ホワイト鍋」

いやー寒いですね。凍える空気の中、白い息を吐きながら近所のぐらぐら煮える銭湯へ行く楽しさといったらありません。ノー暖房で迎える冬も7回目になればこの心境です。あくまで前向きに生きております。

というわけで当然、今宵も鍋で晩酌です！

こうして毎日のように鍋を食べるようになって改めて実感するのは、鍋のいいところはなんと言っても「自由」だということであります。

具も味付けも、決まりなんてありゃしない。

湯の中に好きなものをどんどこ入れて、その湯に味噌や醤油で適当に塩味をつけてスープごと食べればいいのです。あるいはスープには味をつけず。各々が自分の取り皿でポン酢やごまだれや醤油をつけて食べてもいい。だって具は所詮、全部食べられるものばかりですからね。つまりは火を通し、塩味をつければ十分うまい。原始人もそうやって生きてきた（はず）。いずれにしても、失敗した鍋なんて聞いたことありません。料理なんてこんなもんでいいんだと、鍋を食べるたびにニヤニヤしてしまう。

だから、思いついたらなんでもやってしまいます。で、「なかなかいけるじゃないか！」と自画自賛。一人ウッシッシと喜んでいるのであります。

で、今回は雪景色をイメージした「ホワイト鍋」です。

思いつきのきっかけは、いつものように残った冬野菜をベランダのザルに並べて干していた時のこと。

うーん……真っ白だ。

いやね、こうして並べてみると、冬野菜ってやたらと白いんですよ。特に拙著『もうレシピ本はいらない』（マガジンハウス）の中で強く推奨した「冬野菜の激安御三家」（大根、白菜、ネギ）を改めて眺めてみれば、あらまあ全部白いじゃないの。

しかもこれすべて、鍋に入れたら絶品の具ばかり。ってことは、あえて白いものづくしで白い鍋にしたら、激安とは思えぬオシャレで美味しい鍋になるんじゃないかと思ったのです。で、せっかくだから他の具も白で揃えてしまう。エノキ。豆腐。湯葉。

完璧じゃないか！

さらに忘れちゃいけない。白といえば……そう酒粕です。

具が激安な分、酒粕を贅沢にたっぷり入れて「酒粕鍋」にすれば、よりホワイトになるばかりかポカポカと温まる度合いも格段にアップするはず。でも酒粕だけじゃ塩味がないので味噌も入れよう。いやしかし、待てよ。味噌を入れすぎるとせっかくのホワイトが茶色くなっちゃうな……。

で、思いついたのが柚子胡椒。

柚子胡椒って、ピリリとした辛味だけでなく、かなりしょっぱい。なので少々たっぷりめに入れたら適度な塩味がつくんじゃなかろうか。想像すると、あの独特の爽やかな辛味が、濃厚な酒粕や、甘みのある冬野菜ともいい感じでマッチしそうです。

……できた！（っていうか具を入れて煮ただけですが……）

うん。確かにホワイトだ。ビューティフル。

そしていよいよ、ハフハフ言いながら白くずるずるになった何か（何せ全部白いから何が何だかよくわからない）をすくい、火傷しないようにゆっくり口の中へ……。

いやー……う、うみゃい！

以下、ズルズル、ハフハフの無限ループ。いやね、予想はしていたが、柚子胡椒と酒粕と冬野菜の相性があまりにも大人っぽすぎる。深くて、甘くて、ほのかに苦くて酸っぱくて、ピリリと辛い。そのうちに汗がダラダラ吹き出してきます。

いやー、暖房がなくて良かったよ！

いやつまり何が言いたいかというとですね、ほんと料理なんて思いつきでよかったんだと、鍋を作るたびにそう実感するのです。いやもうね、私、なんでも作れちゃう。もうレシピ本はいらないいやと改めて確信するのでありました。

今日の晩酌

ホワイト鍋

柚子胡椒

燗酒

（梅津の生酛

ザル漉《ご》しにごり酒「笊《ざる》」）

＊酒粕は、我が家では永遠の定番食品。なんたって日本酒マニアですからね。酒と酒粕はセットなわけです。つまり、美味しいお酒をつくっておられるお蔵の酒粕は当然のごとくうまい。なので、いつも最高のお酒を見繕って送っていただいている親しい酒屋さんに「イケてる酒粕もお願いします！」と伝えると、2本の一升瓶の間に、ねっとり濃厚で旨みたっぷりの酒粕の袋がねじ込まれてるわけです。これが美味しいのなんの。うっかり油断していると、おやつ代わりにパクパク食べてしまって料理に使う前になくなってしまいます。なので機会があれば、ぜひ近所の日本酒に力を入れている酒屋さんで酒粕を買ってみてくださいな。スーパーで買ういつもの酒粕とは一味も百味も違うはずですぞ。この「ホワイト鍋」も、どの酒粕を使うかで仕上がりは雲泥の差です。

＊というわけで、酒粕の宣伝ついでにおまけの絶品酒粕レシピ（レシピってほどじゃないですが）。酒粕と味噌を適当に混ぜて、水切りした豆腐の周りにペタペタ塗って、1日置いたらあーた、これはもうライトな練りウニですよ！　正月の酒のアテにもぴったりです。日本酒だけじゃなくてワインでもバッチリ。

干せば甘みも弾力もアップ！　冬の華やぎ、赤カブの酢漬け

年も押し迫ってまいりました。我が近所の商店街もクリスマスの飾りでキラキラです。でもこの歳になると正直、クリスマスにどう向き合っていいのかわかりません。というか、向き合おうという意欲もない自分に気づく……。というわけで、ケーキも食べずチキンも食べず、今日も地味ないつもの飯を喜んで食べております。

さて本日のお題は「カブ」です。「冬の激安野菜御三家」（大根、ネギ、白菜）の選には惜しくも漏れたものの、寒い時期に外せない野菜の一つがカブ。

私の中では、カブは「上品な大根」というイメージです。店先に「どーん」「ゴロゴロ」と並ぶ大根と比べると、カブは可愛く小ぶりで、コロリンコと丸く、なんとも控えめなお嬢様という感じ。で、実際に料理をしても、煮れば大根よりはるかに短時間でスッと柔らかくなるし、生で食べてもやはり柔らかく、大根のような辛味も苦味もなくてほのかに甘い。「苦労知らずの箱入り娘」という印象は強まるばかり。

もちろんそれこそがカブの魅力なんですが、個人的には、この八方美人ぶりというか、誰にでも好かれる感じがどうも物足りなく思ったりするのでした。なんかもうち

ょっとね、個性というか、パンチがないと所詮は「いい人」どまりというか、好きは好きなんだけど「いやもうホントに大好きだ〜！」というところに行かないというか……いやカブにとっちゃあ大きなお世話でしょうが、でもなんかこう、本当はもっとポテンシャルがあるヤツのような気がしてならなかったのです。

ということで、こういう時の必殺技「干す」という手段に打って出たのでした。と言っても、赤カブをベランダにゴロンとほったらかしにしていただけですが。数日たってシワシワになってきたところでおもむろにスライス。塩で揉み、しんなりしてきたら上から酢をジャーとかける。しばらく放置すると「赤カブ漬け」の出来上がり。

うーん……。やっぱり!! これぞカブの底力！

弾力に溢《あふ》れた身をバリボリ噛み締めると、濃厚な甘さの底に辛さが顔を出し、力強いお味です。お嬢様はお嬢様でも、そこらのおてんば娘とは比べものにならぬ芯の強さを秘めていたのであります。こんなに手強いお嬢様だったのか。

そしてこれは紛れもなく「カブ」です。大根とは似ているようで似ていない。いやお見それいたしました。人は（野菜だけど）外見で安易に判断しちゃいけませんね。

あと、このカブの魅力を引き出したのは「外に放置」という逆境だったことも忘れちゃあいけません。シワシワになって初めて真価が輝く。人は（野菜だけど）苦労して歳月を重ねてこそ底力を発揮するのだなあと、しばし遠い目になったのでした。

今日のごはん

玄米ご飯の根菜寿司
梅干し
赤カブの酢漬け
菜の花のオイル蒸し
干しネギと
干しエノキの粕汁

＊この時期になると、赤カブのほか、赤大根など皮や実の赤い野菜がスーパーにも出回るようになります。で、赤いものを見かけたらまず酢漬け！　お酢の力で赤い色素が鮮やかに全体に広がって、これさえ添えれば沈みがちな冬の食卓がパッと華やぐ。夏の食卓におけるプチトマトみたいなもんですな。

＊今日は青いものも食べたいなと思い、八百屋さんに出回り始めた菜の花を塩とごま油とともに鍋に入れ、蓋をしてしばし加熱。オイル蒸しです。緑が鮮やか。あら今日のごはんはなかなかカラフルと喜んでいつものプレートに盛ってみたら……こ、これは……まさかのクリスマスカラーじゃないか！　赤と緑！　白い粕汁はまるで雪のよう。我が地味すぎる食卓にも、ついにクリスマスが!?

一年でいちばんおめでたい日の、ごちそうカボチャ

定番の質問に、こういうのがあります。「クリスマスとお正月、どっちが好きですか」。私はといえば、実はそのどちらでもないのでありました。というか、この2大行事よりも何よりも、断然楽しみにしている日があるのです。

それは……冬至!!

うーん、我ながら渋い！　渋すぎる！……っていうか、いったいそりゃなんだって人がいるかもしれません。改めて説明しますと、冬至とは、一年で一番太陽の出る時間が短い日のことです。なので宇宙の法則により、年によって日付は多少ずれていきます。今年（２０１７年）の冬至は、12月22日でした。いやいや、この日をどれほど待ち望んでいたことか。心の中で、人知れず盛大に万歳三唱をしましたとも。いやー、めでたい！

だってこれからは、どんどん日が長くなっていくのです。

イヤね、私だって普通に暮らしていた時は、冬至なんて全く眼中にありませんでした。でも超節電生活を始めてからというもの、太陽の動向に無関心でいることなどあ

り得ません。だって、野菜の保存も、本を読むことも、太陽が出ていると出ていないとでは大違い。特にこの季節、暖房のない我が家では、太陽が何時間顔を出すかでその日のクオリティーが天と地ほど違うのです。太陽に燦々《さんさん》と降り注いでいただければ家がすごい勢いで温められるので、温室効果で夜でも暖かい。つまりはほぼ死活問題。

今ほど便利じゃない時代を生きた昔の人も、きっと私と同じ心境だったのではないでしょうか。古来、世界中いたるところで太陽は神と崇められてきたわけですが、そりゃそうでしょうともよ。誰にでも分け隔てなく、しかも無料で、この上ない強大なパワーを我等に降り注いでくださる太陽さま。これほどのありがたい存在が他にありましょうや。これからも我々をお見捨てなきよう、どうぞ宜しくお願い致します。冬至の日の出を拝みながら、心からそうお願いしたのでした。

で、この万歳三唱の日に食べるものといえば……。

カボチャです。これはもう、昔から決まっているのです。

今のように、スーパーで年中食べ物が手に入るわけではなかった頃に始まった風習。冬になると野菜も採れないし、つまりは生きて冬を越すことが大変だった時代がありました。当時の人たちは、暖かい時期に採れた野菜を大切に保存して、食べつなぎ、生き延びたのです。

カボチャは夏に採れる野菜ですが、硬い皮に守られて、丸ごとの状態だと長期保存ができる。だから冬至のお祝いに食べることで栄養をつけたのでしょう。ビタミン豊富で利尿作用があり体を温め、何より甘くて心をほっとさせてくれるカボチャを、長い間大切にとっておいて、満を持して家族揃って食べるのです。その「ごちそう感」はどれほどのものだったでしょうか。

こうした古くから伝わる「行事食」は、他にもいろいろとあります。正月のおせち料理なんかもそうですよね。でも実際のところ、今やそういう料理を好んで食べる人って多くない気がします。だって、ふだんの食卓で「世界のごちそう」を食べることが当たり前の時代です。こういう伝統食は、ごちそうどころか「質素すぎる」「おいしくない」と思われて当然かもしれません。

私ずっとそう思ってきました。こういうのをわざわざ食べるって、結局は「伝統を大切に」という精神論に過ぎないんじゃないかと。この豊かな時代になんでそんなことせなあかんのかと。

それがですね、ふと気づけば、そろそろ冬至だよな〜と思ってふと見たら、我が目の前に一ヶ月以上前に買った丸ごとのかぼちゃがゴロンところがってるじゃないか！だって冷蔵庫のない我が家では、長期保存が可能な野菜ってリアルに貴重な存在なんだよ。なので自然にそういうことになっている。

そして何よりも、心の底から「冬至メデタイ！」「冬は底を打った！」「これは是非ともお祝いせねば！」という気持ちをこれほど強く持っている人間は、この現代日本で私をおいて他にはそうそういないんじゃないだろうか？

　こうして、カボチャを食べることに結構わくわくする自分がいるのです。考えてみれば、ふだん「飯・汁・漬物」という昔の人のような質素な食生活をしているんだから、それも当然かもしれません。

　ということで、お祝いのカボチャはラッキョウと煮てみました。冬至のカボチャといえば醤油味で甘辛く煮るのが定番ですが、酸っぱいラッキョウと炊き合わせるのも「大人のサラダ」という感じでオツなものです。煮汁として、残りがちなラッキョウの漬け汁を使えば無駄もありません。ラッキョウ臭さが絶妙なアクセント！　お子様には理解できない大人の味です。

　カボチャがごちそう。

　ああいやはや、こんなことになろうとはね。私は一体どの時代を生きているのだろうか？　いわば一人勝手にタイムスリップしているのです。

　ドラえもんがいなくても、現実にそんなことができる。人生はまだまだ開拓すべき未開の地にあふれているのかもしれません。その事実にニヤニヤしつつ、この一年を機嫌良く締めくくりたいと思います。

今日のごはん

玄米ご飯／梅干し
海苔
カボチャと
ラッキョウの煮物
赤大根の塩もみ
白菜漬け
干しネギと干し湯葉と
干しワカメの粕汁

すまし汁に青菜のみ。もはや禅的ともいえる、我が家の雑煮

あけましておめでとうございます。良いお正月をお過ごしになられましたでしょうか？　みなさまにとって今年が素晴らしい一年でありますよう、心よりお祈りしております。

さてお正月の食べ物といえば、おせち料理と、お雑煮ですよね。

実は何を隠そう、私、おせち料理ほど好きな料理はないかもしれません。

それはきっと、食い意地の張っていた子供の頃の記憶が影響しているのです。っていうのもさ、昭和の子供は単純に砂糖に飢えていたのだよ！　だから「黒豆」とか「くりきんとん」とか、お菓子みたいに甘いものが「ごはん」として堂々と食べられることが、無条件にめちゃくちゃ嬉しかったのです。

しかしそれも今は昔。イマドキ子供はそんなものどっちも食べないヨと子のいる我が姉に言われ、いやーそーなのかと思ってちょっとシミジミしたのでした。確かにこれだけ多種多様なスイーツが溢れかえっている時代に、甘いものに無条件で贅沢さを感じるなんて、あり得るはずもないですよね。でもそう考えると、あれをワーイワー

イと心から喜んで食べることができたなんて、ある意味ものすごく贅沢な時代だったのかもしれません。

それはさておき。時代の変化もなんのその。「おせち好き」の私の魂は延々と失われることがなかったため、年に一度の娘の帰省を楽しみにしていた母は、毎年、何日もかけておせちを一生懸命手作りするようになったのでした。

黒豆。昆布巻き。田つくり。なます。昆布締め。数の子。筑前煮……。

いやね、これは娘の私が言うのもなんですが本当に美味しくて、私はこれを食べる日を楽しみに、山あり谷ありの会社員生活をなんとか過ごすことができたと言っても過言ではありません。いやほんと、スキップしながら帰省してたもんなー。

で、今から考えると美味しいのは当然で、母は毎年気になるレシピを試しては、「これが美味しい」と納得できるものだけを翌年に再び作る……という作業を何十年も繰り返していたのです。年に一度しか作らないものだから、まさに気の遠くなるような年月と精魂が込められた結果があのおせちだったんですよね。

で、それを喜んで食べていたのは、考えてみれば私一人（父は「おせち嫌い」）なのです。これほどの非効率がこの世にあるでしょうか。でも母はそれを苦にするわけでもなんでもなく、私が年末帰省するたびに「今年はおせち、失敗しちゃった」と恥ずかしそうに言い、でも食べてみると失敗どころか全然美味しいのです。

で、「いやいや、失敗ってどこが？　すごいおいしい！」と言うと、母は初めてにっこりするのでありました。

今年はその母が亡くなって初めてのお正月。

いろいろ事情がありましておせちは作りませんでしたが、雑煮だけは、母が作り続けてきたものを私なりに再現してみました。私はモチも大好きなので、雑煮も大好物です。雑煮のいいところは、毎日の味噌汁と一緒で、手間暇をかけずにすぐにできることだと思います。だからこそ、おせちは買っても雑煮は作るというご家庭が多いのではないでしょうか。

そして、どんな美味しそうなレシピが登場しようとも「我が家の味が一番」と、みんながゆるぎなく思っているってところも、雑煮のチャーミングなところです。

まさに「レシピ本はいらない」世界の代表選手！

美味しいものはシンプルで簡単なんだよな、ウン、これでいいんだよなーということを実感し、よし今年もなんとか元気に生きていこうと思う正月なのでありました。

今日のごはん

雑煮

＊我が家の雑煮は、両親の出身地である東海地方のものです。すまし汁に、具は青菜のみ。モチは四角くて、焼かずにそのまま煮る。改めて写真に撮ってみると、なんてストイックで禅的なのでしょうか。これが、トロッとしたモチと青菜が絡んで、本当にしみじみ美味しいのです。

＊青菜は本来「もち菜」というものを使うそうなのですが、ある時からどのお店に行っても見かけなくなってしまったので、「小松菜」を使うようになったのよと母は申しておりました。でも私には「もち菜」なんていうものが売られていた記憶は一切なかったので、ほんまにそんな野菜あったんかいなと疑っていたのですが、調べてみたら、東海地方の伝統野菜で確かに存在することが判明。収穫後に葉が早く黄色くなりやすいので流通に向かず、収穫量は減り続けているそうです。効率化された社会っつうのは案外と狭量なもんですな。タネを買って家で育ててみようかな？

煎った黒豆をそのまま炊き込む。正月明けのご飯のうまさよ

年が明けてぼーっとしていたら、気づけばもう月半ば！

さて当たり前のことですが、正月は年に一度しかありません。ということは「正月明け」も年に一度しかない。で、私はこの正月明けというのものを、毎年非常に楽しみにしているのです。

というのもですね、正月前になると、スーパーでも八百屋でも、普段はあまり見かけない珍しい食材や地味な伝統食材が店頭の目立つところにズラリと並ぶ。ユリ根とか、クワイとか、黒豆とか、昆布とかね。あと、魚コーナーにもタイとか酢ダコとか数の子などのご馳走食材がどーんと前面に出てきます。

で、どれもハレの日の食材ですから、当然のことながらどれもそれなりのお値段がいたします。ところがですね、これが年をまたぐといきなりのバーゲンセールとなるのでありました。

例えば正月2日には、スーパーで天然タイの頭がズラーッと激安で売られていたりするのです。たぶん正月用に鯛の刺身をさばいて年末に売りまくり、後に残ったアラ

を年明けに並べているんじゃないかと想像。天然とはいえ残りもんなので、２００円とかで買えちゃうんです。これを買わずにいられれましょうや？

というわけで、母が生きていた時にはこれを早速買って帰り、土鍋でご飯を炊く時に米の上にどーんと置いて、ついでに醤油と酒を適当に入れて、あとはいつものようにご飯を炊くのでありました。すると、たったそれだけでですよ、蓋を開けたらアラまあ何ということでしょう！　一流のお料理屋さんで出てくるような、見事な「鯛飯」の出来上がりです。

食べる時は、まずは食卓の上に土鍋をどんと載せて、見事なタイのお姿を全員にじっくり鑑賞してもらいます。で、「ほう」とか「今日はごちそうだねえ」などと言っていただき気が済んだところで、上のタイだけを取り出して、家族全員でせっせと骨から身を外してほぐしてもらい、その身だけを土鍋に戻して全体をざっくり混ぜて、さあ召し上がれ。この共同作業がまた楽しいんだよね。お好みで青ネギや、さっと茹でた大根葉の小口切りなどを一緒に混ぜてもよし。ホント、こんなに簡単で安いご馳走ったらありません。残ったご飯は、冷めてからお茶漬けにして食べればこれまた絶品。ワサビなど混ぜると本当にオツな味です。ああ考えただけでヨダレが出てきてしまいます。

しかし、それも今は昔。母が亡くなってみると、父は「太るから、もうコメはそんなに食べられない」とのこと。正月の鯛飯を作る楽しみは、母の死とともにあっさりと消えてしまったのでありました。

ああ「ご飯を作って食べる楽しみ」とは、自分で作り上げているようでいて、実はそうじゃなかったのです。それを喜んで食べてくれる誰かにそっと支えられてようやく成り立っていたのだなあ。


でもそれは一人暮らしであっても、結局は同じことなのかもしれません。

自分で料理を作り続ける原動力は、何よりも、その料理を心から「おいしい」と思って食べる自分自身です。どんな逆境に置かれようとも、例えば会社をクビになろうと、連れあいに先立たれようと、自分で料理を作り、それを心から美味しいと思って食べられる自分がいれば、人生は全くもって何とかなっていくんじゃないでしょうか。自給自足とはまさにこのことです。

いやね、何もゴーカなご馳走を作る必要なんてないんです。簡素でOK。いやむしろ、簡素な食事を「おいしい」と思える自分を作ることに成功したら最強です。だってお金からも時間からも自由になれるんだから。で、そのためには、ぜひとも自分で作らなきゃいけません。思い出してみてください。子供の頃、家庭科で作ったごはん。一生懸命作ったハムエッグ。どんなに仕上がりがグチャグチャでも、自分で作った味はやっぱり格別だったはず。自分でごはんを作ることとの最大の利点は、一生懸命美味しく食べようとすることなのかもしれない。だってせっかく頑張って作ったんだもんね。人が作ったもんばかり食べてるから「なんだ、今日はご飯と味噌汁だけか!」なんて文句を言うわけで、自分で作ればそんなこと絶対考えない。アラなかなか美味しいじゃん、いいじゃないと自らを洗脳しながら懸命に食べる。すると不思議にこれが本当に美味しくなってくるのが人間のカワイイところ。

そうなると、人が頑張って作った食事のありがたさ、美味しさも、自然に、心からわかるようになります。するとあなたの周りはいつの間にか、あなたに美味しいものを食べさせようとする人でいっぱいになるはず。だって料理をする人はいつだって、それを心から美味しそうに食べてくれる人を求めているのです。文句ばっか言う奴のところには美味しいものは決して寄ってこない。自分の幸せは、誰でも自分で作ることができるんだ。

今日のごはん

黒豆ご飯／梅干し
ネギと油揚げと
乾燥ワカメの味噌汁
白菜漬け

＊鯛飯は作れなくなりましたが、正月の食材は鯛だけじゃないもんね！　おせちに欠かせぬ黒豆も、正月明けになると安く売られていることが多いのです。で、それを使ってご飯を炊きました。ちなみに色が美しいのは、かの有名な美容成分「アントシアニン」効果だそうですぞ。というわけで、おせち用に買った黒豆が使い切れなかったという方にも是非オススメいたします。

＊作り方は、まず厚手の鍋に黒豆を入れて、皮が破けるまで弱火でじっくり煎る。で、いつもの米にその豆を混ぜて炊くだけ。炊く時に酒と塩を足してもおいしいです。豆料理といえば「一晩水につけて……」というのが定番ですが、これはただ煎るだけ。でもだからこその大豆のホクホクした濃い甘さなんですよね。大好きな「豆入りかきもち」を食べてるみたい。

＊というわけで、これさえあれば余分なおかずなど邪魔なだけ。味噌汁と、あっさりと白菜の漬物を添えれば大ごちそうなのでした。

フグのぬか漬け（のぬか）でキャベツ炒め。発酵定食の完成

先日、石川県から来られた方にお土産をいただきました。地元名産の、「フグのぬか漬け」です。

かの高級食材「フグ」をぬか漬けにするとは初めて聞きました。そのまま切ってちびちび食べる、あるいはぬかごと軽く焼いて食べるのだそうです。

「これなら冷蔵庫がなくても、ずっと口持ちしますから」

いやーすみません。そんな気をつかっていただいて……。

最近、こういう頂き物が多いのでありました。みなさん、まずは「そういえばあの人はモノを持たないんだった」と考えて「そうだ、食べ物を持って行こう」となり、ところがさらに考えてみれば「そういえば冷蔵庫持ってないんだ……」と気づき、あれやこれやと知恵を絞ってくださるのです。で、「これなら大丈夫ですから！」とニコニコしながらいろいろなものを手渡してくださる。

というわけで、気づけば我が台所には乾燥したもの（海藻、麩、お茶、ドライフルーツなど）と漬けたもの（塩漬け、ぬか漬けなど）がどんどこ集まってくるのであり

ます。初めて食べるものも少なくありません。この「フグのぬか漬け」も初体験です。

まずは火を通さず食べてみました。身にこびりついたぬかも美味しそうだったので、ぬかごとスライスして、たっぷりの大根おろしにお酢をかけたものとあえてみた。醤油やポン酢ではなく酢をかけたのは、ぬか漬けがかなりショッパイので、これ以上の塩気は必要なかろうと思ってのこと。

で、ほんのひとかけらの身に酸っぱい大根おろしをこれでもかと山盛りに乗っけまして、大口をあけて、パクリ。う、う、うまい……（ジーン）。

いやー、なんなんでしょうね……このえも言われぬ強烈なうまさ。しょっぱくて、酸味があって、クサい。この三位一体は、まさに大人の味ではないでしょうか。

説明書を読むと、このお店ではサバ、イワシ、ニシン、タラ、カワハギなど、なんでもぬか漬けにしておられます。なるほど確かにこの味はサバのヘシコ（ぬか漬け）と似ている。子供の時はその美味しさが全くわかりませんでした。父がどこぞの出張土産で買ってきたものの、一口食べて「何これ、塩辛すぎる、しかも臭い。意味がわからない」としか思えず、それ以上は箸が伸びなかった。

ところが今食べると、これほど「あとを引く」味ったらないのです。全てが強烈なんだけど調和している。そして、強烈だからこそちびちび食べる。この「ちびちび」っていうのもお子ちゃまにはできない芸当なんだよね。これができなきゃこのうまさは体験できない。ウンわたしもやっと「大人のたしなみ」がわかる年齢になりました。

でね、気づけば我が食卓、いつの間にか発酵食品だらけなのです。

何しろ基本「めし、汁、漬物」ですからね。ぬか漬け、白菜漬け、らっきょう漬けなどの漬物はもちろん、味噌汁には味噌と酒粕が入ってるし、晩酌の日本酒も発酵食品。味付けも醤油か味噌だからこれも発酵しとる！　ここに頂き物の発酵食品が加わるんですからもうすごいことに。最近、美と健康が手に入るからと世は「発酵ブーム」とかで、発酵食品が食べられるレストランとか、発酵食品レシピなんかが話題らしい。あらそうなの？　ご苦労ですこと。だって私はブームも何も、フツーに超発酵生活ですけどそれが何か？　オーホッホッホ……と、一人優越感に浸る。

でも考えてみれば、別に私がエライわけでもなんでもない。冷蔵庫をなくしたら誰でも発酵生活にならざるをえないってだけのことなんですよね。だって高温多湿の気候で常温で食品を保存しようと思ったら、菌の力に頼るしかありません。冷蔵庫が登場するまでは、この国で暮らす人は全員フツーに「発酵生活」をしていたのです。

つまり現代の人々は、冷蔵庫というマシンを使って「発酵していないもの」を常食するようになり、それでは美も健康も保てないじゃないか、イカンイカンと発酵レストランに行き、発酵レシピ本を買っているというわけなのです。何かヘンです。そんな回りくどいことをしなくても、美と健康はすぐそこにあるのだよ。

今日のごはん

黒豆ご飯／梅干し
キャベツと「フグのぬか漬けのぬか」炒め
人参のぬか漬け
ラッキョウ漬け
ネギと油揚げと切り干し大根の粕汁

*いただいた「フグのぬか漬け」を食べて、これはどこかで食べたことのある味……そうだアンチョビ！　と気づき、ぬかをアンチョビ代わりにキャベツと炒めてみました。うん。和のようなイタリアンのような……つまりは日本酒にもワインにも合う絶妙な美味の誕生。世界の美味はつながっている。

*で、残ったフグの身は、日本酒に漬け込み塩抜きをして刺身で食べようと画策中。これは「へしこ」が名産の、京都・伊根町の酒蔵の方に教えていただいた方法です。なんでもやってみないとね。

初の海釣り。ぴちぴちの「金アジ」を、梅酢で干物にしてみたら

先日、生まれて初めて「海釣り」を体験しました。これまでも興味はあったんです。でも、かの恐ろしい「船酔い」が怖くて二の足を踏んでおりました。ところがそうしてグズグズしてる間に、気づけば人生とっくに折り返し。これはいけません。興味のあることは躊躇《ちゅうちょ》せずエイヤーとやっておかないと、一生経験せずに終わるってことになりかねない。

で、冬の東京湾で人生初のアジ釣りです！

アジは年中釣れる魚だそうですが、冬のアジは最高に脂がのってすごく美味しいらしい。最初は何が何だかわかりませんでしたが、知人や船長さんの辛抱強い指導で、「金アジ」を13匹釣り上げましたぞ！

で、驚いたのは「生きている魚」のパワー。釣り上げた魚の口にかかった針を外すだけで、もうピチピチピチピチはねまくって全然うまくいかない。逃げる魚をさんざっぱら追いかけてようやく抑え込みに成功し、やっと針を外してバケツの中に泳がしたと思ったら、棒高跳びのごとくジャンプして脱走するヤツがいるじゃねーの！

アジ、なかなかに果敢です。アジを食べるとは、この獰猛《どうもう》とも言える生命力をいただくことだったのだな。ならばこの生命力を閉じ込めるべくやれることはすべてやるぞと決意しまして、船上で生きたままエラを取り、血を抜き、包丁で脳天を突いて動きを止め、内臓を取り、しっかり洗う…… って簡単に書いたけどこれがまた大変。だってピチピチピチピチ……しかもゼイゴやらウロコやら魚の表皮ってほとんど凶器。なのにヌルヌルという最強の防御体制。大格闘の末すべての処理を終えた時は、手が傷だらけでヒリヒリが止まりません。いやー、生きているものを食べるとは、これほどまでに大変なことだったのでありました。

当日の夜、ともに釣りを楽しんだ仲間と打ち上げを兼ねて刺身をいただきましたが、あとは家に持ち帰ります。通常なら冷蔵とか冷凍とかするんでしょうが、ご存知の通り我が家は冷蔵庫ナシ。というわけで、アジの干物作り開始です。乾燥して晴れの日の続く東京の冬は、干物作りにピッタリの季節なのです。

まずはアジの腹開き。それをしばらく塩水につけるのですが、我が家にちょうど、梅干しを漬けた副産物の「梅酢」が大量にあったので「梅酢水」につけてみました。塩分に加えて梅の腐敗防止効果もあるから、これはきっとものすごく賢い選択に違いないと自画自賛。

で、しっかり塩が浸透したかな？　というところでアジを取り出して水気をふき、あとは風通しの良いところで一晩干せば出来上がりです。

いやいや、これはこれまでに経験したことのないソクワク感です。早く食べたい！　一体どんな味なんだろう？　早速こんがりと焼いて、たっぷりの大根おろしにポン酢をかけて……いただきます！

……いやー……（ジーン）

もうこれは、美味しいとか美味しくないとかいうレベルの話ではありません。あのアジは……あの、ピチピチとはねまくって、釣られた後も必死に逃げ出そうとまでしていたアジは、こういう味だったんだ……あ、シャレじゃないですよ断じて！　そんなこと言ってる場合じゃありません。私の心は、一瞬にしてあの冬の東京湾に戻っていたのです。あの風。あの海の色。かかった時のあの感触。その全ての瞬間がまざまざと蘇ってきました。

料理って、そもそもはこういうことなんじゃないでしょうか。自分が生きていくために、生きているものを取って食べる。それを実感するからこそ、頑張って生きていこう、いい加減に生きてはいけないのだという勇気が湧いてくる。

というわけで、とりあえずアジを釣って食べることは少しだけマスターしたぞ！　この調子で精進すれば、お金なんぞなくとも、海辺の町に住み、釣りをしながら楽隠居として生きていく日も夢じゃありません。まさしく料理とは自由への扉です。

今日のごはん

玄米ご飯／梅干し
自家製金アジの梅酢干物
大根おろし
白菜漬け
ネギと油揚げの粕汁

梅酢水にひたし中

熟成酒粕で作るフレンチトースト。これぞ大人のスイーツ

東京は雪が降りまして、コンコンと雪が降りつもる静かな夜、首をすくめながらてくてく銭湯へ。まるで昔の映画のワンシーンのよう……じゃないですかね？　ああ寒かった！　でも帰りはポッカポカ。銭湯ってやはり素晴らしい。

さて何度も書いておりますように、こんな夜はやはり、鍋。なので相変わらず毎日鍋を喜んで食べております。で、今日も酒粕に手が伸びる。味噌と酒粕と生姜をたっぷり入れた粕汁ほど温まる食事はないですからね。具が変わればそれだけで満足。他の献立を考える余地などなし。

ちなみに生姜ですが、私は生姜を買ったらすぐに皮ごと千切りにして「干し生姜」を作ります。冬の晴れた日ならほぼ1日でカラカラに。で、味噌汁や鍋など汁物を作る時、これをひとつまみパラリと投入。それだけでピリッとオツな生姜味。生姜味って大好きなんですが、料理のたびに少量を切ったり擦ったりって案外面倒で、つい省略してしまいがちでした。でもこれならそんな葛藤もなく、毎日生姜入れ放題です。さらに朗報なのは、干し野菜は何でもそうですが、生姜も干すことでパワーアップ。

温めパワーが通常の生姜よりグッと上がるのだとか。

あ、つい脱線が長くなりましたが、本日のテーマは生姜ではなくて、再び酒粕です。といっても、先日ご紹介した普通の酒粕ではなく、熟成酒粕！


よく見かける白い酒粕と違って茶色っぽく、クリームのように柔らかい。実はこれ、本来は漬物用でして、縁あって仲良しになった三重の酒蔵さんから「よかったら使ってね〜」と、どーんと送られてきたのです。冷蔵庫のない私の「ぬか漬け」生活を知り、それなら粕漬けも是非！とのこと。あまりにもありがたくて厚く御礼を申し上げると、いや使ってもらえれば本当に嬉しい、何しろ今や粕漬けをする人はほとんどいなくなり、酒粕はどの蔵でも産廃扱いなのだから……とお返事が。

なななんと、こんなお宝が産廃ですか！

それはもったいなさすぎる……。

だってね、ぺろっと舐《な》めてみたら白い酒粕にはない濃厚な甘さと紹興酒のような深いコクが後を引き、止まらぬウマさなのです。なのでさっそく魚や野菜を漬け込んだのはもちろん、それだけでは飽き足らず料理にもどんどん活用することに。で、これがなんとも傑作続きなのでご紹介しようと思った次第です。少しでも興味を持っていただければ酒粕復権のために嬉しい限りです。

まずは、おなじみ粕汁。大阪で超人気の料理店を営んでいる友人に教えていただいたアイデアです。通常の粕汁は味噌と酒粕を入れますが、熟成粕はそれだけで旨みたっぷりなので、味付けは塩と熟成粕のみ。そして、仕上げに黒胡椒をパラリ。

いやー……うまい！　うますぎる！

不思議なのは、粕が甘いので仕上がりも甘くなると思ったら全然違ったこと。コクはあるのにスッキリ。なんともプロっぽい味じゃあないですか。なるほどこれが、時が生んだ「自然の甘さ」の威力。そして黒胡椒の「引き締め力」。ピリッとしたアクセントが酒粕の濃厚な旨みを引き立てるんですよね。ふとひらめいて柚子胡椒入りバージョンも作ってみたら、これもうまかった。要は薬味ならなんでもいけるかと。ネギでも生姜でもカンズリでも。キムチを入れるのもいいと思います。

で、さらにもう一品。ちょっと驚かれるかもしれませんが、恐る恐る作ってみたらあまりにもヒットだったんで、私の胸一つに収めておくことがどうしてもできず。

それは……まさかの酒粕フレンチトースト!!

作り方はアホみたいに簡単です。

フランスパンを適当な大きさに切って、全面に熟成粕ベタベタ塗りたくり、フライパンで焼くだけ。酒粕は焦げやすいのでそこだけ注意。（写真を見ていただければわかるかと……汗）

実はこれ、先日のNHK「あさイチ」の3シェフ共演で、フレンチのシェフが酒粕に生クリームや砂糖を混ぜたソースを使ってフレンチトーストを作っていたのを見て思いつきました。もともと甘い熟成粕なら、何も混ぜずにこのまま使えるんじゃないかと思ったのです。

これが……なんという美味、なんという幸せ……。

いや昔は、甘いフレンチトーストが大好きだったんです。でも最近は歳のせいか、ミルクや卵や砂糖たっぷりのやつがどうにも胃にもたれ、それを思うとなかなか手が出せなくなっていた。カロリーもすごそうで心にももたれるしね。ところがこれは……その全てのマイナス要因ゼロ！

確かに甘くてこんがり。そして噛みしめると、溶けた酒粕の濃厚な甘さがジュワッと広がります。フレンチトーストに上等なブランデーをかけたようなイメージ。なのに、甘すぎない。もたれない。酒粕の健康効果ももれなくついてくる。これぞ大人のおやつ。

ちなみに熟成粕は「熟成酒粕」「踏み込み粕」「漬物用酒粕」などの名前で検索すればネットで購入できます。普通の酒粕を使って自分でも作れます。買ってきた酒粕をそのまま常温放置するだけ。数ヶ月で茶色くなってくる。これが熟成のサインです。これもネットでさまざまな方法を検索できます。

今日のおやつ

酒粕フレンチトーストの
オレンジ添え

肉も魚もＯＫ。恐るべし、味噌漬けと粕漬けの威力

世間では野菜が高いと騒いでおりますが、みなさまいかがお過ごしでしょうか。

いやね、確かに白菜と大根は通常の倍以上になっている印象があります。でもそもそも彼ら、この時期は激安ですからね。毎冬非常にお世話になっている身としては、あんまり高い高いっちゅうて一方的に批判を浴びているのを見ると、少々ギフンにかられるのでありました。だって先日、デカイ白菜を４００円で買いました。で一瞬、「たっけえな」とムッとしたんですが、実際のところ、白菜漬けにして、鍋に入れて、塩もみにして……とせっせと食べても１週間じゃ食べきれません。外食は言うに及ばず、他の食材に比べてもまだ十分激安じゃんヨと、ついムッとしてしまった自分を深く反省したことでした……。

それに、野菜が全部高くなってるわけじゃありません。

私の近所では、ネギはそんなに高くない。ゴボウはむしろ安い気がします。なので、このところ我が食卓のゴボウ率高し！　ゴボウ好きとしては日々贅沢で嬉しい限りです。で、ナニセ寒いんでひたすらササガキゴボウにして鍋に入れて食べておりました

が、せっかくだから、かねてやりたかったことに挑戦することに。

「ゴボウの味噌漬け」です。

ゴボウと味噌って相性がいいので絶対味噌漬けは美味しいはずだと思っていましたが、これまでやる機会がなかった。というのも、我が家で漬物といえばぬか漬け。ぬか漬けを愛するあまり、他の漬物に手を出そうという気持ちがなかなか起きなかったのです。ところがそんなところへ、前回お伝えした、知り合いの酒蔵から送られてきた「漬物用酒粕」が、私の未知なる「漬物魂」に火をつけた。確かに、日本古来の漬物って、ぬか漬けだけじゃないよ！

というわけで、ゴボウの味噌漬け、やってみました。

適当な長さに切ったゴボウを固めに茹でて、それを味噌の中に突っ込んでおくだけ。漬けた後の味噌はすかさず味噌汁に利用していくので、無駄も全くなし。で、さっそく食べてみましたとも。例によってオリーブオイルをたらりと垂らして……いやいやいや、こりゃウマイじゃないの！

パリポリと噛みしめると、ゴボウの土臭い風味が濃厚な甘じょっぱい味噌味に包まれて、クセのあるぬか漬けとは全く違う、力強くしかし素直で非常に上品な味わいじゃないか。

我ながら、素人が作ったとは思えない味。料亭でも開きたい勢い……っていうか、考えてみたら味付けも歯ごたえも、作ったのは私じゃなくてゴボウと味噌が勝手に手を結んでこういう味になって下さったのでした。すいません。それも忘れてつい大きなこと言いました……。

で、これに気を良くして、もちろん粕漬けもやりましたよ。

これは味噌漬けよりちょっと手間がかかります。ネットで調べたところ、漬けた野菜から水分が出ると粕床が傷んでしまうとのことなので、塩漬けにして水分を抜いてから粕床（熟成酒粕）に埋め込んでいきます。まずはセロリに挑戦。で、数日漬け込んだセロリを取り出し、ラー油をちらりとかけて食べてみた。

いやいやいやいや……これもまた……なんとも……。

芳しい熟成酒のカラメルのような香りと濃厚な米の甘みがセロリのえぐみと絶妙にマッチ。そしてそのねっとりした甘さに、ラー油のピリリとした刺激が大人っぽく味を引き締めてます。

いやー、マジで漬物ワールド……恐るべし!!

いやもう私は、心から確信いたしました。今後私は2度と、あの「塩小さじ1、醤油大さじ2……」などというレシピ本の複雑な味付けの世界に戻ることは絶対に絶対にないでしょう。

だって考えてもみてください。「ぬか漬け」「味噌漬け」「粕漬け」という3種類の調理法（っていうか埋めておくだけ）があれば、これ以上何が必要でしょうか？　しかもどれも、ただ入れておくだけで勝手に料理として完成している。さらに、1日漬けたものと1週間漬けたものでは味も変わるし、無数にある野菜やら肉やら魚やら、どの素材を漬けるかでまた味が変わる。それだけ考えても、一生かかっても食べきれないくらいの味のバリエーションがあるわけです。

しかも食材の保存にもなります。考えてみたら、大災害でライフラインが途絶えても稲垣家はかなり持ちこたえられると思います。っていうか、我が家は常時災害体制であるとも言える。

しかも、美味しいしな。

「常在戦場」って、昔通っていた予備校の標語だったけれど、真面目な話、これからは何が起きるかわからない時代です。でも世の中がどうなろうと、うまいもの食べてれば元気を保つことができる。そう、元気があれば何でもできる！（by アントニオ猪木）　これ、新しいライフスタイルと言えないこともないかと。

おまけに、違う種類の漬物（今回は味噌漬けとぬか漬け）が並ぶと、非常に贅沢な気分になるということがわかりました。今回は同じお皿に盛りつけましたが、別々の皿に盛れば「二品」にカウントできる。ってことは一汁四菜じゃないですか。押しも押されぬ大ご馳走です。

今日のごはん

玄米ご飯／梅干し
海苔
大根おろしのポン酢がけ
ゴボウの味噌漬けと
人参のぬか漬け
干しズイキと油揚げの
味噌汁

セロリの粕漬け

無敵の手前味噌で、干し白菜と厚揚げの味噌炒め

先日、仲良くしている近所の豆腐屋さんに行ったら、「なんか、アレだな。春になってきたな……」と80歳のご主人。年中4時に起きて、冷たい水にまみれながら半世紀以上豆腐を作り続けている人の定点観測ですから、これ以上の正確な情報はあるでしょうか？　と思ったらその途端、私の周囲はふわあっと春の空気で満たされたのです。春ですよ。春がやってきました。

で、あわてて味噌作り！

味噌作りは冬がいいというのが定説です。寒いと雑菌が繁殖しにくいし、熟成が遅いので1年ほどかけてじっくりゆっくりと美味しい味噌が出来上がるのだとか。でも先日、知り合いの麹屋さんに聞いたら「いやいや、年中いつでも作れますよー」。え、そーなの？「寒いとゆっくり、暑いと早く熟成するってだけですから」。なるほど。でもこういう非日常の作業って「エイッ」というきっかけがないとなかなか腰が上がらない。というわけで、麹屋さんの助言は聞かなかったふりをして、まだ寒いうちにやらなくっちゃ～と自分に言い聞かせ、このほど味噌を仕込んだところであります。

なーんて簡単に書きましたが、皆様、そもそも味噌作りってやったことありますかね？

私の実感としては、やる人は毎年せっせとやる。でもやらない人は「なんでそんなメンドーなことするの？」と理解に苦しむ。それが味噌作り。

……ということはですね、「なんで？」というハードルを飛び越えて一回味噌作りを体験してしまったら、どうにも病みつきになっちゃうのです。イヤ正確に言うと、メンドーなんですよ間違いなく。それでもついつい毎年仕込んでしまうのです。

一体どうしてなのか？

改めて考えると、自分でもよくわかりません。よく「手前味噌（自分で作った味噌ほど美味しいものはない」といわれますが、私の場合、確かにマズイわけじゃないんだが、プロの作る味に勝ったなどと思ったことは一度もありません。っていうかそもそも勝負してない。だって味が全く安定しないんだもん。毎回、色も違えば甘さも違う。それでもなんとか「ちゃんと味噌（っぽいもの）になったー」とホッとしてるレベル。

でもね、この「ちゃんと味噌になった」っていうのが嬉しいんです。味噌ってずーっと「買うもの」でした。当然、どうやって味噌が出来上がるかなんて全く知らなかった。でもいざ自分で作ってみたら、材料は大豆と塩と麹という、信じられないほどシンプルなもの。っていうか、味噌ってそもそも大豆と米なんだ！　と知ってしまうと、凝ったおかずなんてナーンニモなくたって、味噌をお湯で溶かして飲むだけで、米と大豆（別名・畑の肉）を食べてるのと同じことなわけだから、何の手抜き感も罪悪感もナシ。っていうか、これぞ日本古来の完璧なファストフードじゃないか！　とか思えるようになった。

さらに、仕込んでから「ひたすら待つ」っていうのもなかなかいいんです。その間、なすすべなし。全くの無力。となればあとは祈るしかない。っていうか現実は祈ってるのは最初の数日だけで、あとはすっかり忘れてほったらかしなんだけどね。で、文字通り忘れたころに、ちょうど味噌がなくなったから買いに行かなくっちゃと考えていて、フト「そういえば、味噌仕込んだじゃん。そろそろできてるんじゃ……」とハタと思い出し、恐る恐る開封して舐めてみたら……

わあ〜、ちゃんと味噌になってるじゃないか！

そのたびにマジで奇跡を感じます。

一体いつの間に？　どなたがこのような親切を？

はい。それは菌という目に見えぬ存在がせっせと働いてくれた成果なのでありま す。私が寝たり起きたりあくびしたり飲みに行ったり山に登ったりしている間に、彼らは「なんで俺だけ働かなきゃいけないんだヨー」などと一言も言うことなく、24時間365日せっせと働き続けてくれていたのです。そう私は一人じゃないのです。目には見えないし会話もできませんが、確かに私を助けてくれる生き物がここにいるのです。

あとですね、なんでもそうですが、買わなくても自分で作れるんだっていうことを知るのは本当にいいものです。我々はつい、買わないと何も手に入らないのだと当然のように考えてしまいがちですが、自分の手で作り出せることも実にたくさんある。そう知ったことで私はちょっと人生が明るくなりました。

それから、これは下手くそなシロートだからこそですが、毎年毎年全然違う味の味噌を作っていると、同じ「味噌」といっても味は千差万別なんだってことが実感できます。そう考えると、よくあるレシピ本の「味噌大さじ1、砂糖大さじ2……」とかの指示がいかにナンセンスかを思わざるをえません。だってその味噌がどんな味かによって仕上がりは全然変わってくるわけで、だとすれば、そんな細かい決まりごとに何の意味が？　レシピ本がないと料理が作れないというのが、いかに狭い思い込みかがよくわかる。味噌がうまければ、他に何も入れなくたってそれだけで完成された味になるのです。

さらにいえば、自分で作った味噌だと可愛さのあまりエコヒイキしてしまうので、うまかろうがうまくなかろうが、マイ味噌以外に余分なものは入れたくないのだよ。となると、料理がなんて楽チンになることか！

味噌汁はもちろん味噌を入れれば完成だし、野菜も油揚げもただ味噌で炒めるだけ。今日の味噌炒めは白菜と厚揚げと味噌を混ぜて、ごま油をたらりとかけて例のダッチオーブンで蓋をしてしばし火にかけただけですが、ああ干した白菜の甘さが味噌と厚揚げの「大豆兄弟」と濃厚に絡み合う。もうこれ以上何もいりません。

生野菜も味噌をディップして食べればそれだけで実にうまい。煮物も味付けは味噌で十分。それも面倒だったら、味噌をご飯に乗っけて食べたって良いのです。

どうですか？　味噌作りと聞いて「なんでそんなメンドーなことを？」と思ったそこのあなた！　なんかちょっと、やってみてもいいかも……と思いませんか。きっと人生が変わります。いやホント。やってみればわかるけん。

今日のごはん

玄米ご飯／梅干し
海苔
干し白菜と厚揚げの味噌炒め
自家製ラッキョウ
大根とキャベツと油揚げの粕汁

究極の美容食、おから定食の実力をとくと味わう！

まだまだ寒い2月。寒いってことは味噌作りの季節ということをお伝えいたしました。で、今回はその味噌作りの副産物といいますか、ヒョウタンからコマといいますか……いやいや真面目な話、私の食生活を、ひいては人生をひっくり返すような大発見をしてしまったのでした。

それは「おから」の威力です。

もしや、おからさえあれば十分幸せに食べていけるのではとすら思ってしまった。もしそうならですよ、おからってタダも同然じゃないですか。っていうか産業廃棄物として厄介者扱いされているのが現実です。そのおからで幸せに食べていけるとしたら、お金も全くかけずにグルメ三昧、しかも社会のお役にも立つ。これ以上の最強の人生があるでしょうか？

あ、すみません。最初からつい興奮して結論を語ってしまいました。

ちゃんと順を追って説明します。

コトの始まりは、今年は「おから味噌」ってやつを仕込んでみようと思い、馴染みの近所の豆腐屋さんからおからを仕入れたこと（141ページ参照）。

私が参考にした味噌作りサイトでは、おからの分量が500グラムとなっていたので「500グラム欲しいんだけど……」と言うと、ご主人、「そりゃどんぶり一杯ぐらいか？」と言うので、うーん、そんなもんかなあ……とゴニョゴニョ言っていると、じゃあ多めに持ってきな！ サービスだから！ と。いやあさすがは江戸っ子、きっぷがいいねえ。というわけで、ありがたくドーンと二袋のおからを持って帰ってきたのでした。

ところが帰宅していざ量ってみると、一袋で500グラム以上あったことが判明。冷蔵庫のない我が家に、なんとどんぶり八杯以上の使い道のないおからがドーンと取り残されることになったのです。

ど、どうしよう……。

だっておからって「足が早い」（腐りやすい）ものなんじゃや？ とはいえ豆腐屋のお父さんの好意で頂いたものですから、断じて腐らせるわけにはいきません。

もちろん、だしと醤油で「おから煮」にする手もあったんですが、そんなにたくさんは食べられません。どうしたものかと頭をひねっていた時、ある記憶がおぼろげながらよみがえってきたのでした。

それは、日本の伝統食に「おから漬け」なるものがあるらしいということ。むかし何かの本で読んだものの、おからで漬物？　そ、それは一体……？　あまりに意味がわからなさすぎてそのままスルーしていた記憶が、このピンチになってにわかに浮上してきたのです。

早速ネットで検索してみると、確かにあったよ、おから漬け！　とはいえあまりにマイナーなためか作り方はバラッバラだったのですが、総合すると、おおむね次のような作り方であることがわかってきたのです。

①おからに塩を混ぜて「おから床」を作る。

②好みの野菜を適当に切り、①のおから床を適量混ぜて放置。

③半日から1日で「おから漬け」の出来上がり。

にゃ、にゃんと！　そんなに簡単でいいんですかっ？

さらにびっくりしたのは、複数のサイトの記述によると、①の「おから床」はなんと1年ほど持つ（つまり1年間腐らない）というのです。

ということはですよ、おからが余ったら、とりあえずは塩を混ぜて放置しておけば全然オッケーってこと⁉　ただ塩を混ぜるってそれだけで？

しかもこのおから漬けが「超おいしい！」と、少なからぬ方が主張しておられるのです。

これは当然、やるしかないでしょう。

というわけで、作りましたとも。おからと塩を適当に混ぜて、ちょっとパサパサしてたので水代わりに梅酢を足してしっとりさせて、ハイ一瞬にしてできました「おから床」！　で、そこから適当な分量を取り出して、薄く切った人参と大根を混ぜて1日放置……。

できた～!!

早速、おからごと器に盛り、例によってオリーブオイルをかけていただきます。おからがオイルを吸うのでたっぷりめにタラーリ。

い、いや、これは……なんとも……

ウ、ウ、ウマすぎる!!!

って言うか、作った本人以外は、これが「おから」だとは絶対わからないに違いありません。程よく水分の抜けたシャキシャキ野菜を、優しく酸っぱくてほのかに甘いしっとりとした、超上品な「何か」がくるんでいる。ぬか漬けと違ってクセもありません。あまりに未体験の味すぎて、何も言わずに食べさせたら「これって一体ぜんたいどういう料理？」と聞かれること請け合いです。

すっかり調子に乗って、今度は玉ねぎのスライスを漬けてみたらこれも半端なくウマイ。玉ねぎの辛味が絶妙なアクセントに。きっとセロリとかキュウリとかカブとかもおいしいんだろうなー。

しかもぬか漬けと違って定期的に混ぜる必要がないっていうのもすごい。

こんな素晴らしい料理ですが、なぜか一般的にはほとんど知られていません。

あるサイトの記述によると、昔は一般家庭で野菜の保存を兼ねてよく作られていたそうですが、冷蔵庫の出現とともに食卓から一気に消えていったそうです。

うーん。

「便利」というものは確かに素晴らしい。でも一方で、その威力がすごすぎて、いろいろな宝物も一気になぎ倒していったんだなあ。

というわけで、「便利」（冷蔵庫）をやめた私のところには、その失われたお宝が次々とカムバックを果たしているのでありました。

今日のごはん

玄米ご飯／梅干し
ハンバ海苔
（頂き物の伊豆土産）
おからとネギの
ゴマポン酢
ネギと干しナメコと
干しエノキのおから汁

大根とニンジンの
おから漬け

＊豆腐屋さんからおからを持ち帰ったその日の昼食です。大量のおからを一刻も早く減らさねばという焦りとで（その時はまだ「おから漬け」にたどりついていなかった）、慌てて作った「おから定食」ですが、これがまた大ヒット！

＊「おから汁」とは要するに、いつもの味噌汁におからを投入するだけ！　ほのかにふんわり甘い優しい味。しかも食物繊維も豊富に取れる。もはや味噌汁におからを入れない理由が思いつかない。

＊「おからとネギのゴマポン酢」は、おからにネギを混ぜて、上からごま油とポン酢をたらりとかけただけですが、これがやってみたらめちゃウマ！　どう考えても1分料理とは思えません。おそらくポイントは油。おからってどうしてパサつく。そこが、おから人気が今ひとつ出ない理由だと思うのですが、その欠点が全て、油をたらりと垂らすだけで一瞬にして解決。

＊というわけで、おから料理といえば「おから煮」があまりにも有名すぎて、おからをそのまま食べるという発想がなかったのですが、加熱せずそのまんまでもめちゃくちゃうまいじゃないの！　うまい、早い、美容にもいい、まさに最強の食材でありますす。みんなもっとおからを食べようじゃないか。自分の人生と、近所の豆腐屋を救うプロジェクトに君も参加しよう！

炊きたてご飯を白木の弁当箱に詰めれば、究極の美味

気づけばもう3月。ということは卒業と入学のシーズン。ってことは、サクラももうすぐ。というわけで、今回は「お弁当」です。

新生活を始めるにあたり、新たに弁当作りを始めようかな、という人が少なからずおられるんじゃないでしょうか？　それは自分の弁当だったり、子供や家族の弁当だったりいろいろでしょうが、なんといっても私のオススメは……

自分の弁当は自分で作ろう！

ということです。男性も女性もお子様も。週に一度でも、マイ弁当、作りませんか。だってね、自分で食べるものを自分で作る。これってサイコーですよ。日々の食事ではそうできない人も、弁当ならザ・チャーンス！　なんせ多少失敗したところで評価するのは自分だけ。「おいしい、おいしい」と念じて食べれば、自分で作ったものは美味しいに決まってるんです（精神論）。

そのような態度が身に付けば、人生に怖いものなんて概ねなくなる。だってそれって自分の力で自分を幸せにできるってことです。このところ世間じゃ、ヤレAI時代

だ、人生１００年時代だ、大変だ大変だ、生き残るにはどうすれば？　なーんて騒いでおられますが、そんな大層なことじゃないんじゃないかと。自分で自分を幸せに食わしていくことができたなら、時代がどうなろうが、ドンと構えていられるんじゃないでしょうか⁉……あ、つい興奮して話が大きくなってしまいました。失礼。

でもですね、話を大きくしたのには実は理由がありまして。私、「究極の弁当」を発見してしまったのです。

ご飯さえ炊けばオッケー。しかも一食100円もいきません。ああそれなのに、これ以上美味しい弁当なんてない！　というくらい美味しい。

その美味しさをもう少し具体的に説明しますと、私、会社員時代に10年ほど弁当生活をしておりまして、当時は張り切って弁当のレシピ本を何冊も買い、手間も暇もかけてキラキラした弁当作りに励んでおりました。それはそれで楽しかったですし、それなりに美味しかったと思います。だがしかし……。

……こっちの方が100倍うまいじゃないかーー（涙）

まあいいや。会社を辞めたので弁当不要になったとはいえ、せっかくなので、これからは旅行などにこの究極弁当を持参しようと思います。どこぞの車内や駅でニンマリしながら弁当を食べているアフロを目撃することがあるかもしれませんが、その時はどうぞ暖かく見守っていただけましたら……。

今日のごはん

玄米ご飯／梅干し
ワカメ
大根の粕漬け

＊この究極弁当のコツはただ一つ。表面に塗装をしていない白木の弁当箱を手に入れること！　私が愛用しているのは昔ながらの秋田の「曲げわっぱ」です。安いものではありませんが一度買えば一生使える。10年も使えば一回に換算したら数円レベル。そう思えば高くない！　しかも伝統工芸の応援にもなります。

＊で、作り方ですが、炊きたてご飯を弁当箱に詰める。以上（笑）。でも簡単だからと侮るなかれ。この究極弁当を開発したきっかけは、ご飯を炊きすぎておひつに入りきらず、仕方なく空いていた弁当箱にもご飯を詰めたってことだったんだが、朝に詰めた弁当箱を昼に広げてみたら、冷めたご飯がもっちりふっくら！　炊きたてより断然美味しくなってるじゃないか！　そうこれはまさにおひつご飯の味。木が余分な水分を取るので、外はしっかり中はふっくらの、米粒一つ一つの味がしっかり立ったご飯になるのです。おひつを持っている人は少数派でしょうが、白木の弁当箱さえ持っていれば手軽に美味しく「おひつ」体験ができる。

＊こうなると、おかずなんてシンプルであればあるほどよし。ここもポイント。というのも、実はこの弁当箱は会社員時代も使っていたんだが、当時はおかずを充実させることに気をとられ、弁当箱メシの美味しさに気づこうともしなかった。ところが今回は、ナニセ目的がご飯の保存ってだけだったから、なんの気合いも入れず、漬物と梅干しと、そして乾燥ワカメを適当に乗っけたら……地味なメシのうまさが超前面に！

わかりやすい幸せは真の幸せを見えなくするのでありました。

＊で、隠れたヒットがワカメ。海苔がなかったので、ふと目についた味噌汁用乾燥ワカメをむんずとつかんでご飯の上にパラパラ置いたという苦肉の策だったんですが、なんということでしょう。カラカラのワカメがいい具合にしんなりとして、ご飯と一緒に口に放り込むと、まごうことなき磯の香りがフワアッと広がります。ほどほどの歯ごたえも新鮮。こりゃいいや。

＊このほか、海苔でも、ごま塩でも、佃煮でも、もちろん焼いた干物でも。若者はこれじゃあ足りないでしょうから、別の入れ物に卵焼きでもレンジでチンの唐揚げでも焼肉でも冷凍シューマイでも昨日のおかずの残り物でもなんでも持参すればオッケー。何しろご飯が美味すぎるので、すべてはテキトーであるほどよろしい。

＊どうでしょう。これなら「作ってみよう」って気になりませんか？

あとがきにかえて

巻では、料理動画やら華麗なる作り置きやら、華やかな料理情報がわんさかひしめく中、このようなとんでもないジミジミな飯話にお付き合い下さいまして心より感謝申し上げたいと思います。

しかし、改めて書きためた1年間の記録を振り返りますと、地味だ何だと言いながら、意外にバリエーションに富んだものを食べているではないかと我ながら驚きました。とはいえ、繰り返し書いておりますように、基本「飯・汁・漬物」のワンパターンであることには全く変わりありません。ただ季節が変われば食材が変わり、ときに頂き物が加わり、つまりは基本はワンパターンでもどうしたってバリエーションに富んでしまうのだということを改めて実感いたしました。

……これってまさに「最強」ではないでしょうか？

だって、今日のご飯は何にしようかしらなどと一切考えてないのに（だって飯・汁・漬物ですからね！）、そしてもちろんレシピ本も動画も見ることなく、しかも早送りとかじゃなくて支度は10分程度なのに、そしてお値段は相変わらず一食２００円なのに、それなりにバリエーションに富んだものが日々食卓に上るんですよ。しかも美味しい！　我ながら魔法かと思います。

我々は実はおとぎの国に住んでいるのかもしれません。

魔法といえば、これも振り返れば、私はこの一年で「魔法使い度」がかなりアップした気がします。おかげで調理時間はますます短くなり、気づけば味つけすらほとんどしなくなりました。そう。魔法の正体は……漬物です。

ぬか漬け、白菜漬けはこれまでもやっておりましたが、ここへ粕漬け、おから漬けが加わりました。となるとですね、飯・汁・漬物（複数）だけで食卓はいっぱいで、つまりはきんぴらとか煮物とかが加わる余地すらどんどん減っている。なので最近は食事の準備といえば「おひつからご飯をよそおう」「湯を沸かして即席味噌汁を作る」「漬物を取り出して切る」の簡単スリーステップ！

10分どころか5分しかかかりません。もちろん、漬物はそれだけで完成された味になっておりますので、塩も醤油も、そして愛用のポン酢すら、ほとんど減らなくなりました。

なぜこんなにラクをさせて頂いてるかといえば、何度も繰り返し申し上げております通り、それは漬物を作ってくださる「菌」の力です。彼らがせっせせっせと食材を調理し絶妙な食感と味付けにしてくださっているのです。さらにすごいのは、調理だけじゃなくて保存もしてくれる。そう発酵です。食べれば腸内環境まで整えられる。彼らは我らの健康も守ってくださるのでありました。

そう我々は孤独ではないのです。

「今日のご飯」のことで孤独に悩む必要なんてないんです。自然の親切はいつだって我々を助けてくれるのです。しかもですね、菌が好むすみかといえば、「米ぬか」「酒粕」「おから」。すべて産業廃棄物として捨てられているものばかりです。

食品の値段が上がった下がったで一喜一憂？　いやいやそんな必要がどこにありましょうや。宝物はすぐそこにあったのでありました。それもタダ同然の値段で。というか、それを食べればゴミも減る。こんな私でも社会に貢献できているのだと思うとそれだけで生きる気力が湧いてきます。

というわけで、そんな私の最新の定食をご紹介してラストといたします。漬物が増えすぎたせいで、いつもの「梅定食」が一皿増えましたし、雄しべ雌しべがつきました（笑）。料理で人生を楽しく自由に生きる人がもっともっと増えていくことを心から願いまして。それではいつかまたどこかで。

あとがき

稲垣えみ子
Inagaki Emiko

1965年、愛知県生まれ。一橋大学社会学部卒。朝日新聞社入社。大阪本社社会部、週刊朝日編集部などを経て論説委員、編集委員をつとめ、2016年1月退社。冷蔵庫なし、ガス契約なしの節エネ生活を送る。目下、夢中になっているのはピアノ。最近、習字も習い始めた。時々、近所のカフェで燗酒と料理を出したりも。著書に『魂の退社』『寂しい生活』(共に、東洋経済新報社)。『もうレシピ本はいらない 人生を救う最強の食卓』(マガジンハウス)は、第5回料理レシピ本大賞 料理部門 エッセイ賞を受賞。

レシピがいらない！ アフロえみ子の四季の食卓

二〇一八年一〇月一一日 第一刷発行

著者 稲垣えみ子
発行者 石﨑孟
発行所 株式会社マガジンハウス
〒一〇四-八〇〇一 東京都中央区銀座三-一三-一〇
書籍編集部 ☎〇三-三五四五-七〇三〇
受注センター ☎〇四九-二七五-一八一一
印刷・製本 凸版印刷株式会社

©2018 Emiko Inagaki, Printed in Japan ISBN978-4-8387-3021-6 C0095

乱丁本・落丁本は購入書店明記のうえ、小社制作管理部宛にお送りください。送料小社負担にてお取り替えいたします。但し、古書店等で購入されたものについてはお取り替えできません。

定価はカバーと帯に表示してあります。

本書の無断複製(コピー、スキャン、デジタル化等)は禁じられています(但し、著作権法上での例外は除く)。断りなくスキャンやデジタル化することは著作権法違反に問われる可能性があります。

マガジンハウスのホームページ http://magazineworld.jp/

＊本書は、ウェブサイトcakes(ケイクス)に二〇一七年五月一八日から二〇一八年四月三〇日まで連載された「アフロえみ子の〝自由メシ〟」を大幅に加筆、修正し、新たに書き下ろしを加えたものです。